コミュニティ防災の基本と実践

公立大学連携地区防災教室ワークブック編集委員会
大阪市立大学 都市防災教育研究センター 編

はじめに

大阪市立大学 都市防災教育研究センター

所長　森　一彦

　2011年の東日本大震災を受け、国の防災施策としての「災害対策基本法」が改正され、地域コミュニティから「地区防災計画」を提案し、計画の実践・検証が求められるようになりました。生活必需品をそれぞれが備蓄することも明記されるとともに、災害の際、自助・共助が地域で十分に発揮できる計画が求められています。地域の防災力向上のためには、コミュニティの多様な主体が連携し、わがまちの災害リスクを知り、災害直後の避難行動や避難生活での注意点・福祉的配慮などを考え、点検し、具体的な対処を行うことが必要です。本書は、このための基本事項の理解や実践への発端となる点検事項をまとめ、導入参考書となるべく著したものです。

　大阪市立大学では2015年から科学技術振興機構の「科学技術コミュニケーション推進事業」の支援を受け、「公立大学防災センター連携による地区防災教室ネットワークの構築」事業を行ってきました。この中で他の公立大学との連携を深めながら、それぞれの公立大学が立地する地域で住民・学校を中心としたコミュニティ防災教室を行政・事業者・大学連携のもと進め、コミュニティの防災力向上に必要な取り組みを整理し、普及・啓発を進めてきました。この事業の成果の一つとして本書をまとめるに至りました。

　本書では第1部として、地域で防災力を向上させるための意義や地域のつながりの大切さ、地域をまとめる防災リーダーの必要性など、コミュニティが主体となって行う防災教室に意義を示しています。第2部では、コミュニティ防災教室を進めるための基本事項や点検項目について災害を時系列的にとらえ各章で示しています。各関連分野の専門家が、災害リスクを知ること、災害への備えから災害直後の対処から避難生活に及ぶ基本事項や対処方法などを簡潔に分かり易くまとめ、防災教室・訓練などへの参考となるよう解説しています。各章の最後には、実践へ向けた参考となる資料や活用できるWebサイトへの導入のためのキーワードを示しています。

　本書は、地域の防災担当の住民役員・行政関係の方々だけでなく、これから防災関連資格の取得をめざそうとされる人、地域とともに子どもたちが学ぶ環境が求められる小中学校の先生方などにとっての実践につながる参考書としてご活用いただければと考えております。

コミュニティ防災の基本と実践

はじめに …………………………………………………………………………………… 3

■ 目次

第1部　コミュニティ防災教室の目的

第1話　地区防災計画の重要性 ……………………………………………… 9
第2話　コミュニティ防災の目標 ………………………………………… 15
第3話　地区防災教室の展開 ………………………………………………… 17
第4話　コミュニティ防災リーダーの育成 ……………………… 21
第5話　防災力の向上へ向けた地域のつながり ………………… 25
第6話　災害時の心理と行動 ………………………………………………… 29
第7話　災害時に対応できる組織とは …………………………………… 33

第2部　コミュニティ防災教室（基礎編）

第1章　災害リスクを知る・考える（わがまちを再認識する）

第1話　災害リスクとは ……………………………………………………… 41
第2話　災害の種類 ……………………………………………………………… 45
第3話　地震災害で起こること …………………………………………… 49
第4話　津波災害で起こること …………………………………………… 53
第5話　水害で起こること …………………………………………………… 59
第6話　土砂災害リスクを知る …………………………………………… 65
第7話　台風・竜巻で起こること ………………………………………… 71
第8話　ハザードマップを理解する …………………………………… 77
第9話　わがまちの災害脆弱性を知る（防災まち歩き/防災マップ作成）……… 81

第2章　災害に備える（災害前の準備）

第 1 話	いのちを守る力ドリル　ーわたしのいのちを守るための25項目ー ……	87
第 2 話	食料備蓄を考える	93
第 3 話	室内を点検する	99
第 4 話	家屋を点検する	103
第 5 話	避難に必要な体力を養う	107
第 6 話	防災用品を知る	113
第 7 話	災害弱者について知る	119
第 8 話	避難場所/避難経路を考える	125
第 9 話	避難所の事前準備	131
第10話	まちのイベントに災害訓練要素を取り入れる	135

第3章　いのちを守る術を知る（災害直後の対応）

第 1 話	火災から身を守る	143
第 2 話	浸水害から身を守る	149
第 3 話	災害時の医療対応を知る	157
第 4 話	がれきからの救助の仕方を知る	161
第 5 話	簡単な応急処置法を知る	169
第 6 話	負傷者の搬送方法を知る	175
第 7 話	避難に関する情報の収集・伝達を知る	181

第4章　いのちを繋ぐ術を知る（避難生活）

第 1 話	避難所の設営の仕方と運営を知る	187
第 2 話	避難生活での食事を考える	195
第 3 話	避難所でできるセルフケアを知る	203
第 4 話	要援護者へのケアを知る	209
第 5 話	災害廃棄物・ごみ問題を考える	213
第 6 話	被災地でのボランティアについて考える	219
第 7 話	こころのケアについて考える	223
第 8 話	被災者の早期復興へ向けた生活再建支援	227

執筆・編集担当者	233
編集後記	234

コミュニティ防災教室の実践例の紹介

　本書で示しましたコミュニティの防災力向上へ向けた基本事項・点検事項をもとにして、いくつかの地域の方々や役所とともに行ったコミュニティ防災教室の実践例を大阪市立大学都市防災教育研究センターのホームページに示しております。
　本書をご覧になり、実践へ向けた取り組みを行う際の参考にしていただければ幸いです。
　ホームページの所在を下記に示しますのでご覧ください。

大阪市立大学 都市防災教育研究センター
コミュニティ防災教室実践報告
https://www.cerd.osaka-cu.ac.jp/tag/publications/execution/

第1部

コミュニティ防災教室の目的

第1話

地区防災計画の重要性

　「地区防災計画」とは、一定のまとまりとつながりを持った地域において、そこに居住する人々のいのちや暮らしを守り、そこで発生する被害を軽減するために、コミュニティ自体が率先的に策定する防災計画のことをいいます。この地区防災計画は、1995年阪神・淡路大震災や2011年東日本大震災などの教訓を踏まえて、2013年の災害対策基本法の改正で制度化されました。

　ここでいう大震災の教訓というのは、（1）事前に計画をつくって防災や減災に取り組まないと、被害の軽減が十分に図れないという「事前の備えの大切さ」と、（2）地域に根ざしたコミュニティの率先的な取り組みがないと、被害の軽減が十分に図れないという「地域の備えの大切さ」です。この2つの教訓を生かすために、地域における事前の取り組みとしての「地区防災計画」の策定と実践が推奨されるのです。

● 地区防災計画の必要性

　それでは、地区防災計画がなぜ必要なのでしょうか。その必要性は、「行政主導の防災対策の限界」や「地域コミュニティの脆弱化の進行」、さらには「地域でしかできない減災活動」から説明することができます。

（1）行政主導の限界性

　阪神・淡路大震災や東日本大震災では、行政の防災対応に限界があることが明らかになりました。大規模な災害が起きると、膨大な対応ニーズが発生しますが、それに応えるだけの体制や資源が行政にはありません。また、行政の防災機能がマヒをして迅速かつ効果的な対応ができなくなります。その行政の限界を埋めるものとして、コミュニティやボランティアの活動が求められるのです。

　たとえば、火災が大量に発生すると、行政の消防力だけでは消火することができません。被災者が大量に発生すると、行政からの食料がすぐには全員に届きません。その場合は、コミュニ

コミュニティ防災の基本と実践　**9**

ティが市民消火に当たること、コミュニティが炊き出しをすることが欠かせません。災害直後の救助活動や避難誘導などでも同様で、行政の支援を待つのではなく、コミュニティが率先して対応しなければなりません。

（2）地域再生の必要性

ところで、災害のリスクを増大させているのは、行政の対応力に限界があるからだけではありません。地域コミュニティの対応力も減退しているからです。図1.1-1に示されるように、少子高齢化や核家族化の進展、さらには生活様式の多様化などによって、地域との結びつきやコミュニティのつながりが弱くなっているために、災害に効果的に対応できなくなっています。その地域の弱さを克服するためには、地域での自発的な防災の取り組みの再生を図る必要があります。その再生の駆動力として期待されるのが、この地区防災です。

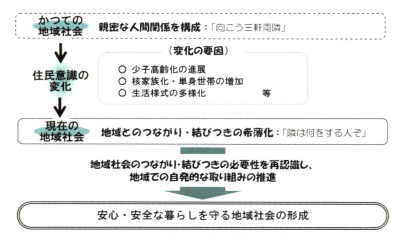

図1.1-1　地域社会の脆弱化と地区防災の必要性
（消防庁「自主防災組織の手引」より）

（3）地域対応の優位性

ところで、コミュニティでしかできない対応、コミュニティがしたほうがよい対応が、たくさんあります。心肺蘇生などの緊急を要する対応は、すぐに手を差し伸べることができるコミュニティにしかできません。被災者に寄り添った細やかな対応も、被災者の実情に通じているコミュニティにしかできません。運命共同体として支え合う対応も、お互いに利害を共有するコミュニティでしかできません。

また、地域の危険性を具体的に知る上でも、自発的で率先的な防災意識を育む上でも、コミュニティがなすべきことがたくさんあります。地域の安全性を持続的に確保する上でも、顔の見える関係や連帯感を醸成していく上でも、コミュニティがなすべきことはたくさんあります。こ

うしたコミュニティの利点を生かすために、コミュニティの役割を果たすために、地域に根ざした地区防災が欠かせないのです。

● **地区防災計画の留意点**

以上の必要性を踏まえて、地区防災計画を取り組む上での留意点を整理しておきましょう。その留意点は、「地域に根ざして取り組む」「みんなで進んで取り組む」「包括的に考えて取り組む」「実効を求めて取り組む」の4つです。

（1）地域に根ざして取り組む

地区防災計画の「地区」とは、一定の空間的なまとまりを持った地域とかコミュニティをいいます。小学校区でもいいし、向こう三軒両隣でも、あるいは団地やマンションでもいい。学校区とか町丁目といった行政上の境界にこだわる必要はありません。共通のリスクを持っている範囲、防災に一緒に取り組むべき範囲ということで、運命共同体としての「地区」を決めて問題解決を図っていくのです。

その場合、「高齢者が多く住んでいる」とか「老朽家屋が密集している」といった地区に固有の課題を見つけ、その課題解決をテーマにした計画をつくる必要があります。また、その課題解決に当たっては、「緑地や水辺がたくさんある」とか「中学生がとても元気である」といった地区の特質を生かした計画をつくる必要があります。地域に密着して計画をつくるということで、「金太郎飴」のように個性のない計画ではなく、「マイプラン」というべき個性のある計画にするのです。

（2）みんなで進んで取り組む

地区防災計画は、下からつくりあげていくという「ボトムアップの計画」です。みんなの悩みや知恵を持ち寄って、マイプランをつくるのです。その意味では、地区防災計画では策定のプロセスが問われます。ワークショップなどの、みんなで課題を考える、みんなで知恵を出す、みんなで役割を決める協働の場とプロセスが欠かせません。

自らの思いを計画にすることで、「わがこと意識」が醸成されます。そのわがこと意識が、防災への自発性や連帯性につながります。みんなで議論し学習する過程で、コミュニティが抱えるリスクの共有化が図られ、コミュニティの中で果たすべき役割の自覚が生まれます。押しつけられてイヤイヤする防災から、自覚して率先的にする防災への転換が図れます。みんなで決めた計画をみんなで励まし合って実行するのです。

（3）包括的に考えて取り組む

地区で防災を進めるときには、現場に合わせて対策を具体化することになります。そこでは「すり合わせ」と「足し合わせ」が必要です。すり合わせというのは、日常時の機能とのすり合わせが必要だということです。日々の暮らしや地域の機能にも配慮して、防災を具体化すること

が欠かせません。足し合わせというのは、地域にあるさまざまな資源の足し合わせが必要だということです。ハードだけでなくソフトもという手段の足し算、居住者だけでなく事業者もという人間の足し算が欠かせません。

ところで、防災も医療と同じで、緊急治療的な備えだけでなく予防医学的な備えや公衆衛生的な備えも必要になります。予防医学的な対策では家具の転倒防止などの取り組みが、公衆衛生的な対策では、コミュニティ相互信頼の醸成などの取り組みが必要ですが、こうした取り組みは地区防災計画でこそ具体化しうるものです。

(4) 実効を求めて取り組む

計画は「絵に描いた餅」になってはいけません。計画は目標を達成するためのものです。それゆえに、「立てる(PLAN)、実践する(DO)、検証する(CHECK)、改善する(ACTION)」という「PDCAサイクル」を回して、目標が達成できるまで、持続的あるいは段階的に取り組んでいく必要があります。「計画を策定して終わり」ではありません。

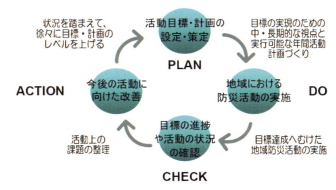

図1.1-2　PDCAサイクルと地区防災活動
（消防庁「自主防災組織の手引」より）

絵に描いた餅にしないためには、計画の中で「何のために、何を、だれが、どこで、いつまでに、どのようにして」という、5W1Hを明らかにすることも忘れてなりません。地域や構成員の実情に合わせて具体的に考えること、一人ひとりの役割が明確になっていることが、実効性をあげる上で欠かせないからです。

ところで、模範解答を求めて総花的なものを最初からつくろうとしてはいけません。必要だからといってできもしない計画をつくってもいけません。できるところから取り組むこと、優先度の高いものからまず取り組むことが、地区防災計画では推奨されています。最初の段階では、直後の安否確認の方法を決める、高齢者の搬送の方法を決める、避難所の食事の献立を決める、だけで十分です。

● いままでの「自主防災計画」との違い

この地区防災計画は、従来のコミュニティがつくる「自主防災計画」と違い、コミュニティから提案された計画を行政が適切と認めた場合には、行政の地域防災計画の中に「公的な計画」として位置づけられます。

コミュニティが自発的に計画をつくるという点は、自主防災計画も地区防災計画も同じですが、その内容を行政が受け入れて公認し、行政がその計画の実践を後押しする点が、いままでの自主防災計画と大きく異なります。地域の防災を共助だけで進めるのではなく、地区防災計画と地域防災計画が車の両輪として、共助と公助が連携する形で進めるところに、重要なポイントがあります。

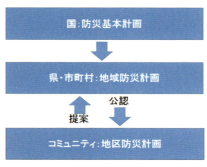

図1.1-3　地域防災計画と地区防災計画

地区防災計画の進め方

◇ **一緒になって「地区防災」に取り組むのに適切なコミュニティの範囲を決めましょう**

共通のリスクを抱えている区域やマンションなど計画作成の対象範囲を決めるのですが、必ずしも学区や町丁目の区界にこだわる必要はありません。マンションや共同住宅棟を対象にしても構いません。行政の境を越えて範囲を決めても構いません。

◇ **地区防災計画に取り組むコミュニティの主体を決めましょう（そこに居住している人だけに限定する必要はありません。働いている人や地域にある事業所も含めることができます）**

地域内のリスクを共有する、すべての人や組織を対象にして、大きな輪で防災に取り組むことを考えましょう。コンビニやガソリンスタンドなど地域にある事業所と一緒に取り組むことは、それらが持っている資源や能力を防災に生かすことができます。パートナーとして力を合わせるべき施設や組織がないか、地域を見直しましょう。

◇ **地域が優先して取り組むべき防災上の課題が「どこにあるか、何であるか」をみんなで考えましょう**

地域によってリスクも違うし、解決すべき課題も異なります。災害の歴史を議論したり、地質地理的な状況を調べたり、地域で暮らす人の実態を見たりして、どのような危険があるのか、どうすればその危険が解消できるのか、そのために何から手をつければいいのかを考えて、最初に取り組む課題を決めましょう。すべての課題を一気に解決しようとするのではなく、優先すべき課題から順次取り組んでいくことが大切です。

コミュニティ防災教室の目的

◇ **課題を解決するための対策をみんなで考えましょう。専門的な知識が必要な場合は、専門家等の知恵を進んで借りるようにしましょう**

　ハードな対策だけでなくソフトな対策やヒューマンな対策も考えましょう。学校の先生や消防団員、防災士等、身近にアドバイザーはたくさんいます。誰に知恵を借りればいいかも考えましょう。

◇ **課題と対策が決まれば、みんなで役割分担を決めましょう**

　みんなで決めてみんなで実践するのが地区防災計画です。「できることをできる範囲で」という原則を大切にしつつ、役割を決めましょう。

参考資料

内閣府 ： 地区防災計画ガイドライン～地域防災力の向上と地域コミュニティの活性化に向けて～（2014年3月）

西澤正道・筒井智士 ：「地区防災計画制度入門」（2014年4月、NTT出版）

内閣府 ： 防災情報のページ「みんなでつくる地区防災計画」

地区防災計画学会 ：「C+Bousai」（学会誌、新建築新聞社）

キーワード

地区防災計画、地域防災計画、防災基本計画、自主防災、地域防災、共助、互助、防災まちづくり、防災まち歩き、地域防災力、ＰＤＣＡサイクル

第2話

コミュニティ防災の目標

● **コミュニティ防災とは**

　コミュニティ防災活動は「災害死ゼロ・コミュニティDisaster Fatality ZERO Community」を実現することを目標とし、大規模災害においても住民や専門職が自律的に協調して活動することで、「災害死ゼロ」を達成する仕組みをつくるための活動です。その実現には、地域での防災活動に加えて大学や各種研究機関で開発された最新のICTを活用した災害・防災科学技術を社会に還元する「災害知の社会実装」のプロセスが重要で、それには市民が実生活で災害・防災科学技術を活用して自身の意識・知識・技能・対応力の向上につなげる防災教育システムを確立することが求められます。

● **コミュニティ防災の目標**

　コミュニティ防災とは、地区の災害リスクを正確に評価し、その災害リスク特性を踏まえて住民自らが能動的な防災訓練を行い、その結果を評価改善することで、確かな防災力を養うプロセスです。

　コミュニティ防災は、地域に3つの仕組みを実現することを目標としています（図1.2-1）。

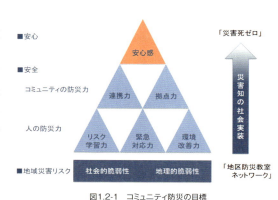

図1.2-1　コミュニティ防災の目標

　① 地区の災害リスク（社会的脆弱性、地理的脆弱性）の正確な理解
　② 人の防災力（リスク学習力、即時対応力、環境改善力）の向上

コミュニティ防災の基本と実践　**15**

③ コミュニティの防災力（連携力、拠点力）の向上

　従来の防災は行政主導の画一的な防災活動ガイドラインに基づいていますので、地区ごとの特性に基づいたきめ細やかな防災教育でなく、緊張感のない結末の決まった訓練になりがちでした。その結果、参加者の主体性が失われ、自分自身や身の回りの問題の気付きや改善に全くつながらないものとなっていました。この課題に対して地区ごとの災害リスクを住民自身で点検し、「アクティブラーニング災害対応訓練プログラム」を通じて、リアルな生活の場所で能動的に避難訓練することで、確かな防災力の向上につながる仕組みを実現することができます。

● **コミュニティ防災の仕組み**

　コミュニティ防災では、地域ごとに継続的な改善を進めるための仕組みを構築することが求められています。具体的には、都市の高層ビルや地下街などの建物の危険度、浸水区域や液状化区域、土砂災害危険区域、断層域の広がりなど災害リスク特性の異なるケースにおいて、①ICTを活用したコミュニティ防災教育の準備を整えた上で、②災害リスク特性の理解力、災害状況の変化に伴う対応力、地域の改善力を養うアクティブラーニング災害対応訓練を実施するとともに、その訓練によって防災リーダーを育成します。そしてこの訓練成果を、③フォーラム形式で住民を含めた参加機関で共有し、第3者評価を得ることで、継続的なコミュニティ防災の改善や発展につなげることができます（図1.2-2）。

図1.2-2　コミュニティ防災の仕組み

第3話

地区防災教室の展開

● 地区防災教室の開発

想定を超えた災害においても、災害時の避難の遅れ、避難路選択ミスなどの解消につながる地域の自助共助の仕組みの構築に向けて、アクティブラーニングを柱とした地区防災教室を開発することが大切です（図1.3-1）。

地区防災教室では、災害リスクの異なる地区ごとにコミュニティ防災協議会を組織し、小中学校の空き教室などを活用した地区防災教室を拠点に、子ども、障がい者、高齢者等の災害弱者を含む住民と防災リーダー、消防士、医師、看護師、福祉士、教師、学生が協働して、生活現場で能動的に取り組む「アクティブラーニング災害対応訓練プログラム」を展開します。

図1.3-1 地区防災教室の開発

学習プログラムの実施前後で、受講者を対象に災害・防災に関する意識・知識・技能・対応力を測定し、結果を比較することで、プログラムの効果を評価し、評価結果はコミュニティ防災フォーラムなどを通じて、参加者や地域の人たちにフィードバックします。さらに、地区防災教室に参加した住民をコミュニティ防災リーダーとして認証し、地区防災教室を地区の防災拠点として認定します。このような活動を継続すること、この活動を広く普及させることで、防災活動、地区防災計画の実体化を図ることが地区防災教室の目標です。

コミュニティ防災教室の目的

コミュニティ防災協議会は、住民と防災リーダー、消防士、医師、看護師、福祉士、教師、学生が協働する仕組みです。地域ごとに設立してリスク学習や対応訓練、環境改善などの実施に向けて、地区防災教室の調整及び評価・フィードバック

図1.3-2　地区防災教室の仕組み

に関わります。特に木造家屋密集地・津波浸水地区・断層帯地区・土砂災害危険地区・ニュータウン（少子高齢化問題と地盤災害リスク）地区・被災地区など災害リスク特性の異なる地区で地区防災教室の活動を展開します。目安として、小学校区1万人のコミュニティに対して地区防災教室を1か所整備し、コミュニティ防災教育を展開することが望まれます。その中からサポーター1,000名、防災教育者（リーダー）100名を育て、地区防災教室が地区内で継続的に発展する仕組みづくりを進めていきます（図1.3-2）。

● 防災学習プログラムの開発

国の地区防災計画ガイドラインでは、防災活動を①平常時、②発災直前、③災害時、④復旧・復興期ごとに整理しています（表1.3-1）。これらの防災活動を、地区の特性に配慮しながら防災学習を実施します。特にさまざまな地域ですでに工夫され行われてきた防災訓練や行事を丁寧に組み込み、それらを防災学習プログラムに反映させ地域に根付かせることが大切です。今後、各地区で策定される地区防災計画に基づき、想定される災害についての対応訓練を実際の地域で実施することは、地区防災計画の有効性の検討につながります。

①平常時	②発災直前	③災害時	④復旧・復興時
・防災訓練、避難訓練（情報収集・共有・伝達訓練を含む） ・活動体制の整備 ・連絡体制の整備 ・防災マップ作成 ・避難路の確認 ・指定緊急避難場所、指定避難所等の確認 ・要配慮者の保護等、地域で大切なことの整理 ・食料等の備蓄 ・救助技術の取得 ・防災教育等の普及啓発活動	・情報収集・共有・伝達 ・連絡体制の整備 ・状況把握（見回り・住民の所在確認等） ・防災気象情報の確認 ・避難判断、避難行動等	・身の安全の確保 ・出火防止、初期消火 ・住民間の助け合い ・救出及び救助 ・率先避難、避難誘導、避難の支援 ・情報収集・共有・伝達 ・物資の仕分け・炊き出し ・避難所運営、在宅避難者への支援	・被災者に対する地域コミュニティ全体での支援 ・行政関係者、学識経験者等が連携し、地域の理解を得て速やかな復旧・復興活動を促進
・消防団、各種地域団体、ボランティア等との連携				

表1.3-1　地区防災活動の例（内閣府「地区防災計画ガイドライン」より）

アクティブラーニング災害対応訓練では、①地区の災害リスクを評価し、その内容を公開講座・市民対話などで周知しながら、災害リスクの特徴的な地区を選定し、②地区の収容避難所に指定されている小中学校の空き教室などを活用して地区防災教室を開設します。そして、③地区防災教室を中心に防災学習プログラムを展開し、最後に、④地区防災教室の成果を評価・認証します。加えて、地区防災教室をサイエンスカフェとして利用し、日常的にも立ち寄りやすい場所として、コミュニティのつながり拠点となるようにします。受講者は防災リーダー育成に向けて少人数（30名程度）とし、ワークショップや市民対話の形式で実施します（写真1.3-1）。特に受講者は子どもから大人、高齢者や障がい者、専門職までの多様な構成とし、対応訓練では実際の地区で最も起こりうる災害をリアルタイムで再現し、自分の役割を訓練することが重要です。この活動から、計画では気付かなかったさまざまな課題の発見やその改善に向けての意識の共有化が達成されます。

写真1.3-1　アクティブラーニング災害対応訓練

● **防災のシビックテックの活用／シチズンサイエンスの構築**

スマートフォンに代表される近年のICT技術の目覚ましい進化は、防災のあり様を大きく変革する可能性を秘めています。

防災技術やICT技術の活用で、さまざまな災害情報をリアルタイムで入手し、理解・判断し、対応できるツール「シビックテック」や、仕組みである「防災のシチズンサイエンス」を構築することが可能となります。これには、技術の進歩だけでなく、それを活用できる人材の育成が不可欠であり、特に、地域の防災リーダーが想定外の災害に対しても、的確に災害情報を入手、判断して、住民の災害対応をリードすることが望まれます。

医学・看護学・生活科学・理学・工学・経営学・経済学・法学・文学など多分野の防災に関わる知見や、防災科学技術研究所などの各種研究機関の成果を、防災・減災を支援するシステム開発に応用することもできます。地区防災教室を拠点に、それらのシステムを防災教育現場に適用し、その有効性を検証することで、さらなる向上につながります。

第4話

コミュニティ防災リーダーの育成

　コミュニティの防災力の向上や防災活動の推進において、その牽引者の役割を果たす人を「コミュニティ防災リーダー」といいます。

　地域の中に、防災のための施設や装備があっても、防災のための制度や仕組があっても、それらの施設や仕組みを効果的に生かすことのできる人がいなければ、防災は前に進みません。それゆえ、防災や減災では「ものづくり」や「まちづくり」とならんで「ひとづくり」が欠かせないのです。

　そのひとづくりでは、一人ひとりを災害に強くすることに加えて、防災のリーダーを育成することが求められています。防災には、意識性や専門性さらには協働性が求められますが、その意識を高める、技能を深める、連携を図るために、指導し、牽引し、調整するリーダーが必要なのです。

● **コミュニティ防災リーダーの資質と役割**

　上で述べた、防災の意識性、専門性、協働性に関わって、防災の「心・技・体」がコミュニティの構成員にもリーダーにも求められます。

　心は、防災についての高い意識を持っていることです。防災に積極的に取り組む姿勢の源泉になるものです。技は、防災に必要な専門性を身につけていることです。人のいのちを助けるには、そのための技能や知識が欠かせません。体は、防災を進めるための態勢やシステムができていることです。災害に対応する上での、人を動かす力や人をつなぐ力が求められます（図1.4-1）。

図1.4-1　防災の「心・技・体」

コミュニティ防災の基本と実践　　21

コミュニティの防災リーダーには、「コミュニティのリーダー」であると同時に「防災のリーダー」であることが求められます。コミュニティをまとめて牽引していくリーダーシップと防災活動を積極的に推進していくリーダーシップの両方がいるということです。前者では、コミュニティをまとめる力や牽引する力が求められます。後者では防災に対する専門性や危機への対応力が求められます。

一人二役でこの両方を兼任するリーダーがいてもいいし、二人一組でそれぞれのリーダーがペアを組んでもいい。自治会長が防災部長を兼ねるのが前者、自治会長とは別に防災部長がいるのが後者です。自治会長が輪番制でクルクル代わるところは、後者のペア方式が理想で、コミュニティの中に防災の経験や知識の豊かな人を防災リーダーとして確保しておくことが望まれます。

この自治運営のリーダーと防災活動のリーダーに加えて、防災教育のリーダーが別に必要な場合があります。住民の防災教育の必要性が高まっているためです。この防災教育のリーダー機能も含めてコミュニティ防災リーダーの役割や機能を整理したのが図1.4-2です。

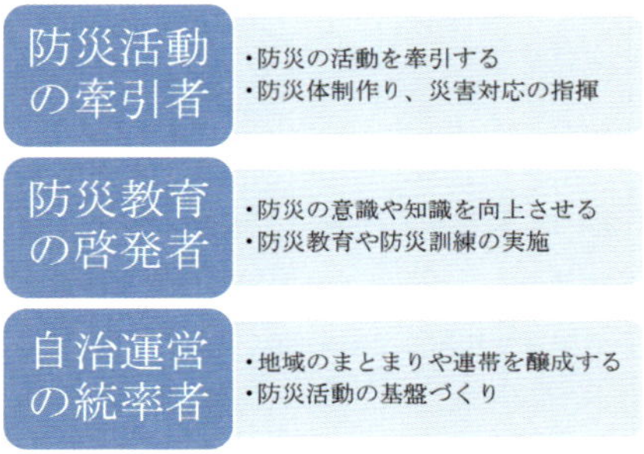

防災活動の牽引者
・防災の活動を牽引する
・防災体制作り、災害対応の指揮

防災教育の啓発者
・防災の意識や知識を向上させる
・防災教育や防災訓練の実施

自治運営の統率者
・地域のまとまりや連帯を醸成する
・防災活動の基盤づくり

図1.4-2　コミュニティ防災リーダーの3つの役割

● **コミュニティ防災リーダーの要件と担い手**

コミュニティ防災リーダーには、統率力、調整力、指導力、判断力、技能力、知識力などが求められます。消防庁が発行している「自主防災組織の手引」では、地域の防災リーダーの要件として、「行動力がある、地域において人望が厚い、自己中心的でなく地域全体のために考えられる、多数意見をまとめ少数意見を尊重できる」と、コミュニティリーダーとしてのあるべき姿を求めるとともに、「非常時の現場を取り仕切る力がある、他人に声をかけ活動に参加させる力がある、消火・救助・避難誘導・安否確認などに関する知識がある」と、防災リーダーとしてのあるべき姿を提示しています。

こうした要件を満たし、リーダーとしての役割を果たすことが期待される人材としては（1）コミュニティ自治の代表者である自治会長や町内会長さらには管理組合長、それに加えて、公益性を持った地域の代表者としての民生委員・児童委員、公民館長等、（2）災害対応経験を有し、防災に関する高い専門知識と技能を有している、消防団員、救急救命士、防災士等、（3）地域と結びつきが深く教育や行政経験のある、学校の先生や行政の職員のOB等が、地域のリーダーになることが期待されます。

● コミュニティ防災リーダーの育成プログラム

　コミュニティの防災リーダーには、さまざまな能力や知識が求められるため、そのリーダーを育成するための教育や研修が欠かせません。

　このコミュニティ防災リーダーや自主防災リーダーの育成のための研修については、自治体はもとより大学や研修機関がさまざまな形で実施しています。東京都国分寺市の「市民防災まちづくり学校」や愛知県春日井市の「春日井安全アカデミー」などは、20年以上の歴史を持った取り組みとして参考になります。最近は、大阪市立大学をはじめとして、名古屋大学、岐阜大学、香川大学、徳島大学などの大学も、コミュニティ防災リーダーの研修と育成に力を入れています。民間では、日本防災士機構が防災士育成のための研修を、全国各地で開催しています。こうした研修の機会を活用して、リーダーの育成を図ることが期待されます。

　コミュニティ防災リーダーの育成のプログラムは、知識の習得を目的とした「座学」と体験による研鑽を目的とした「演習」に区分されます。災害の歴史やメカニズムや防災対策の体系や手法などについては座学で、防災実技の習得や図上演習の実施などについては演習で、知識や技能を磨くことになります。研修の第1段階で防災リテラシーとしての基礎知識を学び、第2段階で地域活動の進め方やリーダーシップの留意点を学び、第3段階で避難訓練の方法や避難所運営の方法さらにはワークショップの運営法などの手法を学び、第4段階で災害危険度の調査法や地区防災計画の策定法を学ぶといった、段階別のプログラムも必要です。

　なお、この研修のプログラムの方向性については、内閣府編纂の地域防災リーダー育成用研修テキスト「地域防災リーダー入門」（2014年）に詳しくまとめられていますので、一読をお勧めします。

図1.4-3　名古屋大学の人材育成研修

コミュニティ防災教室の目的

地域防災リーダーの育成の進め方

◇ 地域の防災リーダーにふさわしい人材を探しましょう

　防災リーダーの役割を果たすのは、必ずしも自治会長や自主防災組織の責任者とは限りません。またリーダーは一人とは限りません。地域の防災リーダーにふさわしい人を、地域の中から発掘して、地域防災の牽引者になってもらうことが欠かせません。

◇ 地域の防災リーダーを励まし合って育成しましょう

　すぐにリーダーになれる人がいるとは限りません。地域防災の組織づくりの中で、リーダーが必要ならば、さまざまな研修機会を活用してリーダーを育成するように努めなければなりません。どのような研修の場があるかみんなで調べましょう。通信教育やインターネットを通じて学ぶことも可能です。

◇ コミュニティに講師を招いて、DIGやHUGなどの演習や訓練を体験して、リーダーの能力を習得しよう

　実際にワークショップや演習を実践する中で、リーダーとしての資質を磨くことも可能です。防災教育や人材育成のためのツールや方法にどのようなものがあるかを調べて、試してみましょう。その場合、外部から講師を招いてサポートしてもらうことも考えましょう。

参考資料

消防庁消防大学校 ： 自主防災組織教育指導者用教本～自主防災組織づくりとその活動
総務省消防庁 ： 防災・危機管理 e-カレッジ
内閣府 ： 地域防災リーダー育成用研修テキスト～地域防災リーダー入門
内閣府 ： 地域における防災教育の実践に関する手引き（2015年3月）

キーワード

防災リーダー、担い手、つなぎ手、自治会役員・町内会役員、公民館主事、学校教職員、自主防災会役員、消防団員、民生委員・児童委員、防災危機管理者、防災士、地域防災リーダー研修、防災リーダー養成講座、防災まちづくり学校、リーダーシップ、コーディネーション

第5話

防災力の向上へ向けた地域のつながり

　本節では、災害が発生したときに力を発揮する、平時からの人と人とのつながりの重要性について考えてみたいと思います。加えて、障害や高齢により、何らかの生活のしづらさのある人への災害時の福祉的な支援についても考えてみましょう。

● 福祉的支援とは

　災害時の福祉的な支援としては、一般の避難所の中に支援を必要とする人のための場所を設けることや、一般の避難所とは別に福祉避難所をつくることなどがあります。

　なぜ、一般の避難所とは別に支援を要する人のための場を設ける必要があるのでしょうか。避難所生活を想像してみると、食事、トイレ、騒音、プライバシー、不安感など、少し考えてみただけでも多くの課題がありそうです。たとえば、車いすを利用されている人は、車いすで利用できるトイレが必要ですが、一般の避難所にそれがあるでしょうか。乳児のいる母親は、母乳をあげなければなりませんが、避難所の中の多くの人から見える場所で母乳をあげることはできるでしょうか。生活のしづらさのある人の中には、周囲の人の話し声や物音が気になる人もいるかもしません。このように、ほんの少しの配慮を必要とする人はたくさんいるのです。

● ダンボールベッドの活用

　ここで、避難所での配慮の一例を紹介したいと思います。高齢で足腰の弱い人や妊産婦は、直接床に座ったり、立ったりすることが難しい場合があります。そのようなときに、少しの高さがあるだけで、立つことや座ること、横になるといった動作が楽になります。

　写真1.5-1、1.5-2は、地域の人を対象に福祉的配慮のある避難所づくりを行ったときの様子です。参加者には、妊産婦体験や高齢者体験などの疑似体験をしてもらいながら、床に座ったり、寝たりしたときと、ダンボールベッドに座ったり、寝たりしたときとの違いを体験してもらいまし

コミュニティ防災の基本と実践　25

た。妊産婦体験をした参加者は「妊産婦さんてこんなにからだが重いんだ」、「一度床に座った
ら、立ち上がれない」や「寝るのだけでもひと苦労だ」と、普段何気なく行っている動作がいか
につらいものになるかを、口々に話していました。次に、ダンボールベッドに座ったり、寝たりし
てもらったときには、「ちょっとの段差があるだけで随分立ち上がりやすくなる」と感想を述べ
ていました。なお、ダンボールベッドの「ダンボール」の使い方としては、一部を目隠しやつい立
として利用することもできます。ダンボールベッドのようなものが1つあるだけでも、配慮を必要と
する人にとっては肉体的・精神的な負担が大きく軽減されることがあります。

写真1.5-1　ダンボールベッド　　　　　　写真1.5-2　妊産婦体験をしながら立ち上がる場面

● 「配慮」とは何か

　ここで、「「配慮」＝「別の場所に隔離する」」ことではないことを強調しておきたいと思いま
す。何らかの配慮を要する人を、一般の避難所とは別の場所に集めればよい、ということでは
決してありません。2011年東日本大震災のとき、津波発生時は、全ての人にとって、逃げること
がすべきことの最優先事項でした。障害の有無にかかわらず、あらゆる人が声をかけ合って、
手を取り合って、避難しました。それから避難所生活が始まり、最初のうちは障害の有無にか
かわらず、食物を分け合いながら、励まし合いながら過ごしました。ところが、避難所での生
活が長引き、そこで過ごす時間が長くなるにつれて、何らかのこだわりがある人や突然大声を
出す人、独り言を言う人等に対して、他の避難者から「あの人たちを別の場所に移してほしい」
という要望が出されるようになりました。その結果、生活のしづらさのある障がい者や高齢者
は、本人が別の場所に移ることを希望していない場合にも、一般の避難所とは別の場所に移
動するといったことが見られました。

第5話　防災力の向上へ向けた地域のつながり

● つながりの重要性

　あらゆる人は、地域の中で生活をする権利を持っています。また、あらゆる人が同じ地域住民としてつながることが、地域の防災力を高める上で必要なことです。これからの日本は、少子高齢化に加えて人口が減少の一途をたどる社会を迎えます。全ての人が年を取り、いつかは高齢者になります。近い将来、家族だけで生活のしづらさのある人を支援することには限界がやってきます。地域住民がつながりながら、地域の中で支え合うということは、災害発生時においてのみならず、平時の地域社会にも求められることなのです。

　ここで、「つながり」について少し付け加えておきたいと思います。筆者は、2015年にA町で「ご近所つきあい」に関する調査を実施しました。普段、どの程度の近所つきあいがあるのか（図1.5-1）、地域全体には、どのような支え合いの仕組みがあるのか（図1.5-2）、などについて地域住民に尋ねました。さらに、近隣とのつきあいの程度が、「住みよさ」とどのような関係があるのかについても分析を行いました。

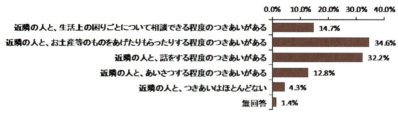

図1.5-1　近隣とのつきあいの程度

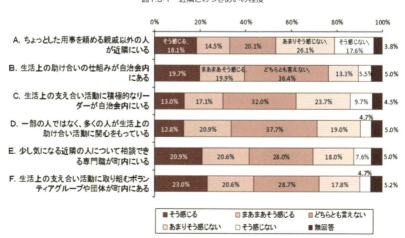

図1.5-2　自治会や町全体の支え合いの仕組み

コミュニティ防災の基本と実践　27

コミュニティ防災教室の目的

　その結果、近隣とのつきあいの程度では、「近隣の人と、お土産等のものをあげたりもらったりする程度のつきあいがある」「近隣の人と、話をする程度のつきあいがある」と回答した割合はそれぞれ3割強であり、両者で約7割を占めることがわかりました。これは、「近隣住民同士はあまり深いつきあいはないものの、ある程度のつながりはある」という結果です。また、自治会や町全体の支え合いについては、各項目に「どちらとも言えない」と回答する人が2〜3割程度見られました。A町は比較的、居住年数の長い住民が多い町であるにもかかわらず、自治体や町全体の支え合いの状況についてはよく理解していない住民が3割程度いる、ということがわかりました。

　さらに、これらの結果や住みよさに関する調査結果からは、近隣とのつきあいの程度が高いほど、住みよさも向上する傾向にあることがわかりました。平時からの住民同士のつながりは、災害発生時に力を発揮するだけではなく、日常生活においてもプラスの影響を与えるといえます。

● 平時からの福祉的配慮とつながり

　平時から、つながりや福祉的配慮について考えておくことは、とても大切なことです。では、平時からの福祉的配慮とは、どのようなことでしょうか。たとえば、妊産婦には、着替えや授乳などの際、プライバシーを確保することのできる場所を用意することや、電車の中で席を譲ることなどが配慮に当たるでしょう。認知症の高齢者には、声かけや挨拶、少しの変化を見逃さない、などの配慮が必要です。これらのことは、災害時にのみ必要なことなのではなく、普段から必要な配慮でもあります。災害に対応する力を発揮できるかどうかは、平時の取り組みや人と人とのつながり次第といっても過言ではありません。

　これからは、いつ、どこで、どのような災害が起こるかわかりません。言い換えると、いつ、どこで災害が発生してもおかしくないのです。いつ、自分たちの身の回りに災害が起こっても、冷静かつ適切な対応、そして人と人とのつながりを保ちながら支え合えるよう、普段から備えておくことが重要なのです。

キーワード
福祉的支援、ダンボールベッド、つながり

第6話

災害時の心理と行動

　災害が生じると平時とは状況が大きく変化しますので、人々の心理や行動もそれに影響されて変化します。その結果、多くの人が普段とは異なる行動を取ることになります。その行動が減災を促すものであれば良いのですが、必ずしもそうとはいえません。ここでは、災害前と災害発生時における人の心理・行動のうち、問題となりうるものをいくつか取り上げ、コミュニティにおいてどのような活動が必要であるかを考えていきたいと思います。

● **災害の経験と備え**

　南海トラフ巨大地震は、「30年以内に70%の確率で起こる」といわれていますが、災害への備えをしている人はどのくらいいるのでしょうか。大阪市のある地域を対象に行った調査では、「何も備えていない」と答えた人の割合が40%近くもありました。このような高い値が得られた原因として、大阪では最近大災害が起こっておらず、多くの人が大災害を経験していないからではないかと考えられます。災害を経験した人は、そうでない人よりも、以後、災害への備えを行う割合が高くなることは、他の研究でも報告されています。

　しかし、大災害はそう頻繁に起こるわけではないので、それを経験する機会は多くはありませんし、そもそも備えは大災害を経験してから行うのでは遅いのです。では、どうすればよいでしょうか。まずは、さまざまな方法によって、「大災害が身近で起こりうること」、「そのときに自分も大きな被害を受ける可能性があること」を、コミュニティメンバーに知ってもらい、備えを始めてもらうしかないのです。

　そのときに重要なことは、①「何をすべきか」が明確で具体的であり、行動する機会があること（先行条件）、②実際に行動すること（行動）、③行動の結果を明確に示すこと（結果）です。この学習の流れを図で示したものが図1.6-1になります。

コミュニティ防災の基本と実践　**29**

コミュニティ防災教室の目的

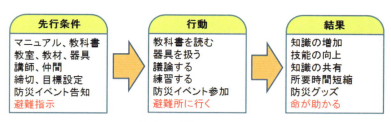

図1.6-1　防災行動の学習の流れ

「先行条件」が不適切な場合、どのような行動を取るべきかが理解されず、適切な行動はできません。また、「先行条件」が適切であり、どのような行動を取るべきかが理解されていても、その行動が学習されていなければ（特に技能を要する行動の場合）、適切な行動はできません。さらに、「先行条件」が適切で、行動が学習されていても、明確な「結果」が伴っていない場合には、行動は維持されません。

「結果」の働きは、一般に「動機づけ」と呼ばれる部分に関係しており、たとえば、「防災イベントの参加者が少ない」のは、それに参加することで生じる結果の効力の小さいことが考えられます。災害への備えが適切かどうかは、災害が起こるまで明らかにはなりません。従って、備えをしてもすぐに結果が得られないことになります。このような状況では、災害への備えとして必要な行動を取ることができるにもかかわらず、行動は起こらないのです。この問題への対処法として、「防災イベント参加者に防災グッズを配布する」などの「結果」を随伴させることで行動を生起・維持する仕組みを設定することが考えられます。

● 誤報への慣れ

避難指示が出て避難所に来たが、避難するほどの被害はなかった、ということがあります。このようなことを何度も経験すると、人々は、「避難指示が出ても避難する必要はないだろう」と判断し、避難行動ができにくくなります。この現象を誤報効果、またはオオカミ少年効果と呼びます。誤報効果は、避難しなければならないような災害が生じたときにも、避難がなされなかったり避難が遅れたりすることによって、被害が拡大する原因となります。誤報効果が生じる原因として、図1.6-1の「結果」が伴わないことが考えられます。図1.6-1には、「避難所に行く」ことの結果として、「命が助かる」とありますが、避難しなくてもよいのであれば、避難行動は維持されません。この場合、先行条件の「避難指示」に問題があることになります。しかし、本当に避難が必要なときだけ「避難指示」を出すというのは難しい状況です。コミュニティとしては、避難指示に従って避難所に来た人々に対して、正しく行動したことを表す「結果」（防災グッズや、一定量をためることで、防災グッズや金銭と交換できる「防災ポイント」など）を呈示することで、正しい避難行動の維持を図る必要があります。

第6話　災害時の心理と行動

● 避難時の同調行動

　災害時には集団で避難することがありますが、過去の事例では、集団での避難において、適切な避難ができずに多くの犠牲者の出た記録があります。他者と同じ行動を取ることを同調行動といいます。同調行動は平時でも起こりますが、緊急時に不安が高まっているときに起こりやすいことが知られています。従って、津波や火事などの緊急時に、最初に避難する人（率先避難者）が避難の方向を誤ると、それに同調した人々も犠牲になる恐れがあります。

　同調が起こる原因として、「自分の知らない情報を他者が知っているから」という情報的要因が考えられますが、「多くの人がその行動を取っていて、自分だけ異なる行動を取るのは気まずいから」という規範的要因もあります。

　同調現象を上手く利用すれば、多くの人を適切に避難させることができますが、失敗すると多くの犠牲を出す結果をもたらします。そうならないようにするためには、率先避難者になりうるコミュニティメンバー（特に地域防災リーダー）が、間違った情報に影響されないように、災害に対する正しい知識を身に付けておく必要があります。2011年東日本大震災では、想定を超える規模の災害によって多くの犠牲が出ました。このことは、平時から避難訓練を行っていても必ずしも無事でいられるわけではないことを示唆しています。しかし、「釜石の奇跡」として知られる釜石東中学校の事例は、「普段の災害訓練をしっかりと行うことが、災害時に普段以上の力を出せる」ことを示しています。彼らは、率先避難者として、近くの小学校の生徒や地域住民とともに適切に避難することができました。津波到来時には、普段の訓練で避難している場所からさらに高所に移動することで、難を逃れることができましたが、それは、普段の避難訓練が不十分だったからではなく、むしろその経験が功を奏したものと考えられます。

● 避難所における資源の共有

　災害が発生し避難所で生活しなければならなくなると、体育館などの大きなスペースに集団で生活することになります。すなわち、居住スペース、トイレ、食料、その他、さまざまな物資を他の人たちと共有したり分け合ったりして生活することになります。このような他者と共有しなければならない資源は、自分一人で持つことのできる資源よりも、価値が低く判断されます。共有資源の価値は、共有人数が多くなるにつれて低下し、誰と共有するかによっても影響を受けます。

　図1.6-2は、仮想場面を用いて、「他者と共有する金銭」の価値が、共有人数によってどのように低下するかを示しています。図の赤い点線は、資源を共有人数で割った、均等配分の場合の値を示しています。従って、一番左端の点（共有人数が2名の場合）では、自分ともう一人との間で資源を半分ずつに分けますので、50%という値になります。一方、一番左端の黒丸は、家族一人と自分で共有する資源の価値が、42.5%程度と、50%よりも低く判断されていること

コミュニティ防災の基本と実践　31

を示します。このことは、主観的には「半分ずつよりも価値が低い」ことを表します。集団が知らない人（白丸）の場合には、さらに価値が下がり37.5%になります。図1.6-2からわかることは、共有人数が増えるに伴って資源の価値が下がること、その価値は、均等配分よりも低く判断されること、共有集団が知らない人の場合には、価値の低下が大きいこと（特に少人数の場合）です。これらのことは、避難場所での集団生活では、さまざまな資源の価値が低く判断され、生活の満足感が大きく低下することを示唆しています。また、「知らない人」との資源共有において、価値が最も低く判断されることは、平時からコミュニティ内で人間関係を構築する機会を設定することで、価値の低下を緩めることができる可能性を示唆しています。

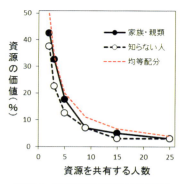

図1.6-2　共有人数による資源の価値の変化

　ここでは、集団場面で資源の価値が低下するという、集団の否定的な側面に注目しましたが、コミュニティで防災教育を展開する場合には、個人では達成不可能なことも、複数の人たちが協力することで達成できることが多い、すなわち集団を形成することで価値の上昇が実現する事例を紹介し、お互いの協力行動を促す必要があります。

参考資料

内閣府：防災情報のページ　「地域防災リーダー入門」テキスト
総務省消防庁：自主防災組織の手引−コミュニティと安心・安全なまちづくり−
内閣府：防災情報のページ　特集　東日本大震災から学ぶ　〜いかに生き延びたか〜
杉山尚子：「行動分析学入門—ヒトの行動の思いがけない理由」　集英社新書（2005）

キーワード

防災行動の学習、経験効果、動機づけ、誤報効果（オオカミ少年効果）、防災ポイント、同調行動、率先避難者、資源の共有、コミュニティ、協力

第7話

災害時に対応できる組織とは

　災害による被害の軽減を図る組織、災害が発生したときに対応する組織を、ここでは「災害対応組織」と呼びます。

　災害の制御や拡大防止を図る、被災者の救助や保護を図る、避難の誘導や確保を図る、被災からの回復や復興を図る上で、自治体や消防などの行政の組織、自治会や防火クラブなどの地域の組織、事業所やボランティアなどの民間の組織には、大きな役割が期待されています。大きな破壊力を持つ災害には、個別に対応していては駄目で、組織的に対応することが欠かせないからです。組織としての防災責任を果たすことや、組織としての社会貢献を果たすことが、求められるからです。

　そこでここでは、地域コミュニティあるいは地区レベルに焦点を当て、その災害対応組織のあり方を考えることにします。

● **災害対応組織の分類**

　最初に、地域での防災や減災に関わる組織を、その属性や機能などに応じて整理しておきます。

（1）公的組織と民間組織

　国土や市町村全体といった広域のレベルでは、国を含む行政や警察あるいは消防といった公的な組織の果たす役割が大きくなります。他方、コミュニティや地区といった狭域のレベルでは、町内会や商店街といった民間の組織の果たす役割が大きくなります。地域の被害軽減では、身近にある組織が即座に対応する、地域密着の組織が寄り添って対応することが実効力を持つので、自治組織や地域組織の役割が大きくなるのです。

　といっても、行政機関などの公的組織は住民のいのちを守る責務を持っており、コミュニティレ

コミュニティ防災の基本と実践　**33**

ベルであっても関わっていかなければなりません。たとえば、消火活動では常備の消防が駆けつける、避難所の支援では自治体の職員が駆けつけることが、求められます。ただ、公助には限界があるということで、自主防災組織による消火活動や地元企業による食料の提供、さらにはボランティアによる避難所運営支援といった共助や民助がなければ、被災者のいのちや暮らしは守れません。公助と共助の連携ということで、公的組織と民間組織の連携が必要になってきます。

(2) 防災組織とその他の組織

地域の防災に関わる組織は、大きく防災を主目的にした組織とそうでない組織に分けられます。自主防災組織は防災を主目的とした組織、自治会はそうでない組織です。防災を主目的にした組織には、消防団、水防団、女性防火クラブ、自衛消防隊、防犯協会、日赤奉仕団などがあります。地域別に組織された防災リーダーの会や防災士の会などもこれに含まれます。

ところで、防災を主目的にしないその他の組織がいかに災害対応に関わるかが、地域防災では問われています。町内会やマンションの管理組合などの共同体組織は、共同の利益としての安全確保のために力を発揮しなければなりません。社会福祉協議会や商店会といった機能別組織は、職能を生かして地域の安全に寄与するために力を発揮しなければなりません。この機能別組織の他にも、医師会、看護師会、建築士会といった専門性を持った職能別組織とそのメンバーが地域の中には存在しています。

なお、地域の機能別防災組織は、図1.7-1に示されるように、①消防団、防火クラブ、防犯協会といった「消防・警察系」、②社会福祉協議会や医師会、病院や福祉施設、民生委員・児童委員といった「福祉・医療系」、③生協、農協や漁協、商店会、郵便局やガソリンスタンド、地元企業といった「商工・企業系」、④小中高、幼稚園や保育園、PTAといった「学校・教育系」、⑥公民館や図書館といった「社会施設系」、⑦市民団体、地域サークル、ボランティアといった「NPO・市民団体系」に区分されます。

図1.7-1　地域防災での機能別組織

● 組織間の連携と協働

災害対応では、組織やセクターがそれぞれの持つ特性に応じて、協働することが欠かせません。「協働の正四面体」を構築することが推奨されています。主要なセクターである、「行政、コミュニティ、事業所、ボランティア」の4者が、図1.7-2に示されるように、等距離の関係でつなが

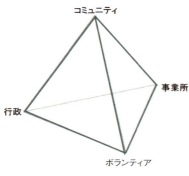

図1.7-2 協働の正四面体

り、対等の立場でスクラムを組むことが求められています。

　この正四面体の関係を地域コミュニティの取り組みでも追求する必要があります。自治会などのコミュニティ組織、商店などの事業所組織、公民館などの行政組織、ＮＰＯなどのボランティア組織が協力し合うのです。

　この地域コミュニティでは、地域の総意を代表するということで自治会や自主防災組織が、その連携の中心に座ります。図1.7-3は、自治会や自主防災組織がその他の組織と連携して取り組む活動例を示したものですが、日常時においても非常時においても、民間組織や機能別組織と協働して、減災の課題解決や災害後の対応に取り組んでいくことが、期待されています。たとえば、避難所運営は自主防災組織が学校と連携して進める、要援護者対策は自主防災組織が社会福祉協議会や福祉団体と連携して取り組むのです。

　その場合に、連携する組織は、コーディネーション、コミュニケーション、コーオペレーション、コラボレーションという4つの行動規範を大切にして、つながる必要があります。

　コーディネーションは、相互に信頼関係を築いて対等の立場で連携することです。コミュニケーションは、地域や防災に関する情報を共有することです。コーオペレーションは、企画運営や計画策定を一緒にすることです。最後のコラボレーションは、一緒に汗を流して力を合わせることです。最も大切なのはコーディネーションで、日常の活動や訓練を通じて信頼関係や顔の見える関係をつくっておくことです。

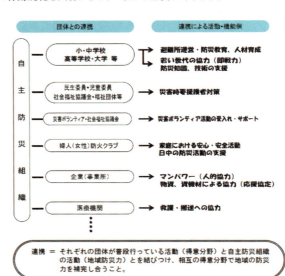

図1.7-3　自主防災組織とその他の組織との連携
（消防庁「自主防災組織の手引」より）

組織を核とした地域防災力向上の進め方

◇ **防災や減災のパートナーとなる組織や団体にどのようなものがあるか、地域の中で探してみましょう**

地域の中にはさまざまな力や資源を持った組織や施設がたくさんあります。宅配業者は支援物資の配布の力になります。レストランは避難所の炊き出しの力になります。地域内にあるそれぞれの組織に何をしてもらうかを、みんなで考えましょう。

◇ **地域の中にある組織が災害時に効果的に連携するために、どのような準備を事前にしておけばいいでしょうか**

災害が起きてから連携しようとしても、災害後の混乱の中では上手くいきません。日ごろから顔の見える関係をつくって、信頼関係を築いておくことが大切です。応援協定を交わしておく、連携のための訓練を繰り返しておくなどの取り組みが必要です。災害対応地域協議会のようなプラットホームをつくって、組織を超えて議論する場も必要です。

◇ **組織の対応能力を向上するためにどうすればいいか、考えてみましょう**

自主防災組織など防災を目的とする組織は言うに及ばず、その他の組織にあっても災害時に役割や責任を果たすためには、その組織の対応力の向上を日ごろから図っておく必要があります。良好な人間関係をつくる、災害時の業務計画をつくる、訓練や研修を重ねるなどの取り組みが求められます。

参考資料

総務省消防庁：自主防災組織の手引〜コミュニティと安心・安全なまちづくり（2017年3月）
内閣府：防災情報のページ「防災まちづくりポータルサイト」
消防防災博物館：防災まちづくり優良事例リスト
神戸市消防局：災害時に組織的な活動ができる自主防災組織へ（2014年3月）

キーワード

公的組織、民間組織、コミュニティ組織、中間支援組織、ボランティア組織、NPO、NGO、自主防災組織、自衛消防組織、社会福祉協議会、日赤奉仕団、常備消防、消防団、水防団、防犯協会、防災士会、協働の正四面体

第2部

コミュニティ防災教室
（基礎編）

第1章
災害リスクを知る・考える
（わがまちを再認識する）

　地域の防災力を高めるためには、まず、皆さんが暮らしているまちの様子を良く知るということが大切です。皆さんの地域では、どのような災害に注意を払えばよいでしょうか？災害が起こった時、まちはどのように様変わりするのでしょうか？災害直後に一変したまちの中で安全に避難する経路や活用できる施設を知っていますか？発生する災害が異なると、避難経路や安全な場所は違ってきます。地域の皆さんと、役所がつくった防災マップを手に取り、まちに実際に出て、わがまちを再確認してみましょう。

　この章では、各種の災害で起こり得る基本事項を解説し、まちの再点検を行う際の視点を示しています。さらに、まち歩きから地域独自の防災マップの作り方を紹介しています。町内会の幹事だけではなく、子どもたち、中高生、お母さんなど多様な目線で、わがまちを見直してみましょう。

第1話

災害リスクとは

リスク（risk）とは、どのようなものでしょうか？ リスクは、ある行動、行為や現象によって、危険な状態となる可能性や損をする可能性の大きさを意味します。危険な状態となる事柄を「ハザード（hazard、障害・危険性）」といいます。

リスクはハザードの大きさとそのハザードの起こる確率で表されます。

リスク＝ハザードの大きさ×発生の確率

建物などのない平らな草原の真っただ中で地震が起こっても、強い揺れで人がいのちを落とすということは考えにくいものです。地震で人が危険にさらされるのは、建物などまちに構築されたいろいろな「物」が壊れることによります。このように、地震の際に人が危険にさらされるリスクも、人がいるまちの様子によって違ってきます。ここでは、災害リスクについて考えてみましょう。

● **リスクを知る**

図2.1.1-1の上の図ではライオンがいるという危険性（ハザード）があります。しかし、周りに人がいないので、人が被害にあうことはありません。一方、下の図のように、ライオンがまちに現れ、人が近くにいる場合、ライオンが襲ってくると人は大けがや死亡することになりかねません。これがリスクです。

上の例で特にライオンがお腹を空かせていると、襲われる確率は高くなり、お腹いっぱいだと襲われる確率は低くなります。同じような状況でも、ライオンのお腹の空き方でリスクの大きさが変わってきます。

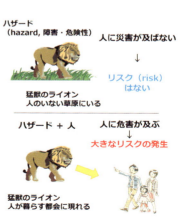

図2.1.1-1 ライオンに対するリスク

コミュニティ防災の基本と実践

それでは、リスクを減らすにはどのようにすればよいでしょうか?

その1つは図2.1.1-2のようにライオンを檻に閉じ込めることです。檻に閉じ込めることでライオンは人を簡単には襲えなくなります。つまりハザードが大きくても、それが起こらないような対策がされて、発生確率が低くなると、リスクは小さくなります。動物園では、このようにしてリスクを回避することで、人が安心して動物を観察できるようになっています。

ライオンの代わりにネコになるとどうでしょう? ネコはたまに機嫌を悪くしてかんだり、引っかいたりすることがありますが、大きなけがや人を死なせるようなことにはなりにくいと考えられます。この場合、ハザードが小さいので、家でペットとして飼っていてもネコによって大きな危険にあうというリスクは小さいということになります(図2.1.1-3)。

図2.1.1-2 ライオンに対するリスク対策

図2.1.1-3 ネコに対するリスク

● 自然災害に関わるリスク

大雨や地震などは、地球上で起こる「自然現象」の1つです。大雨が降って、洪水やがけ崩れなどが発生する場所に、人が住んでいなければ、被害は発生しません。すなわち、「災害」とはなりません。

リスクはハザードの大きさと被害が及ぶ確率で決まります。

図2.1.1-4のようながけ崩れの場合、急傾斜で不安定な斜面があるとがけ崩れの規模は大きくなりますし、そのような斜面の近くに多数の住宅があったり、斜面を不安定化させる大雨が起こる確率が高くなると、リスクは大きくなります。

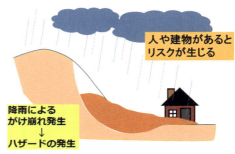

図2.1.1-4 がけ崩れと建物の関係

地球温暖化によって極端な気象現象が起こりやすくなっているといわれています。100年余りの気象観測では示されなかった豪雨が生じたりする可能性がありうるわけです。

このことは、200年に一度の確率で生じるような豪雨での洪水が、より高い確率で起こり、洪水が近い将来起こりかねないということになります（図2.1.1-5）。河川堤防が整備された地域で、「これまで大丈夫だったから今後、災害は起こらない」とはいえないわけです。

頻繁には発生しないが、発生すると大きく被害をもたらすものとして、規模の大きな地震があります。大雨をもたらす台風は、気象観測から進路や雨量の予測が行われ、ある程度の避難の準備ができます。

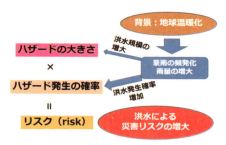

図2.1.1-5　洪水による災害リスクと気象変化

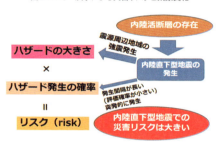

図2.1.1-6　内陸直下型地震での災害リスク

しかし、予知・予測が確立していない地震は突然起こり、その規模が大きいと広域に大きな被害を生じさせる原因になります。つまり、大きなマグニチュードの地震は、大きな災害リスクをもたらす原因として位置付けられます（図2.1.1-6）。

人々は、これまでに何度も洪水やがけ崩れなどで大きな被害を経験し、自然災害を被る確率の低い場所に集落をつくり、リスクを避けながら暮らしてきました。

古くからある集落は、洪水やがけ崩れなど周辺で比較的頻繁に起こる災害から逃れられる場所に立地していたりします。ただ、数千年に一度、発生するような内陸の活断層に沿う地震に対しては、その地域の人々にとって歴史的な経験が踏まえられていないので、そこが地震災害にとってリスクが低い安全な場所とは一概にはいえません。このため、地域の自治体では、活断層の活動履歴や地域の災害史などを調査するとともに、各種の災害想定を行って、洪水での浸水深想定・想定される地震の震度分布・液状化の起こりやすい場所、火山噴火での火砕流や溶岩の到達範囲など、その地域で起こり得ると見られるさまざまな地域のハザードマップをつくっています。地域の自治体が配布しているマップは皆さんの家にも防災マップとして配布されているはずです（図2.1.1-7）。災害時の避難場所や災害時の対処方法なども示されていますので、もう一度、自分の家の周りの施設などを確認することが大切です。

地域の災害リスク確認の進め方

以降の節で、各種の災害リスクについての基本事項を示しますので、それらを参考にしながら、次のようなことを地域の皆さんと話し合い、どのような対応をすべきか考えましょう。

地域の市町村から地域住民に「防災マップ」が配布されている

防災マップには地域でリスクの高い災害についてまとめられ災害時に活用できる避難路・避難所や施設などが示されている

図2.1.1.-7　自治体が発行する防災マップの例

◇ <u>自分たちの家に役所から配布されている防災マップを確認しましょう</u>

皆さんの地域の役所は、すでに防災マップを作成し、各家に配布しているはずですので、それを取り出し、家族で話し合ってみてください。災害直後に家族が集合できる場所は決めていますか？　家の安全性はどうでしょうか？

◇ <u>町会などの集まりや学校の授業で、防災マップに示されるまちで起こり得る災害がどのようなものかを確認し合いましょう</u>

日本全国が同じ災害リスクを持っているわけではありません。地区の地形や地盤状況で、被害を受けやすい自然災害が異なります。わがまちがどのような様子かを考え、地域の皆さんと話し合ってみましょう。

◇ <u>各種の自然災害で、まちがどのような被害を受け、まちがどのように様変わりするかを考えてみましょう</u>

地形や地盤の状況や、まち並みなどいろいろリスクを発生させる要素があります。

役所が示しているハザードマップは広域の状況をまとめたものですから、わがまちの想定される災害を知り、具体的に災害時に危険な箇所を確認し合いましょう。

◇ <u>災害時に避難に使える安全な道路がどこかを考えてみましょう</u>

避難に使える安全な避難路はどこでしょうか？　防災マップには行政が災害時に活用できる安全な広い道路などを示していますので、それを参考にみんなで話し合いましょう。

参考資料

ユネスコ：災害リスク軽減マニュアル（ユネスコスクール日本語訳版、生徒用・教員用・保護者用）
都道府県庁・市町村：防災マップ、ハザードマップ、防災ポータルサイト
内閣府：防災情報のページ
総務省消防庁：eカレッジ、チャレンジ防災48

キーワード

ハザード、災害リスク、防災マップ、ハザードマップ

第2話

災害の種類

　日本の災害対策基本法で、「災害」は、

　「暴風、竜巻、豪雨、豪雪、洪水、がけ崩れ、土石流、高潮、地震、津波、噴火、地滑りその他の異常な自然現象又は大規模な火事若しくは爆発その他その及ぼす被害の程度においてこれらに類する政令で定める原因により生ずる被害」(第2条第1項)

　と定義されています。

　つまりそのほとんどが、自然現象を発端として生じる被害とされています。日本には四季があり、台風や梅雨前線などによる大雨の被害や冬季の日本海側での豪雪による気象が原因となる被害がたくさん生じます。さらに、日本列島は変動の大きな地域であり、地震や火山活動に伴う災害も起こってきました。

　まず、日本列島の位置を概観し、自然現象がもたらす多様な災害があること、皆さんの暮らす地域で気を付けるべき災害が何かを理解しましょう。

● 日本列島を俯瞰する

　日本列島は地球上の中緯度地域にあり、アジア大陸と太平洋に挟まれた島弧であることを皆さんは理解されていると思います。気候的な観点から日本列島の位置を見ると図2.1.2-1の上図のように、アジアモンスーンの影響を強く受け、北の冷たい気団と南の暖かく湿った気団が季節によって勢力を変え、その境界が日本付近を移動することによって、梅雨や秋雨が生じます。冬季に日本海側に大雪を降らせる原因は、シベリアからの寒気団が日本海で多量の湿気を含み、日本列島に吹き込むことによります。赤道に近い低緯度地域の太平洋高気圧の縁辺部分では、太平洋の海水温が高くなる時期に大気の不安定化が生じ、台風が発生します。そして発生した台風は、日本列島近くまで北上した後、偏西風に乗って日本列島を通過していくことがしばしばあります。このように、日本列島の位置は、大気の循環の影響を強く受け

コミュニティ防災の基本と実践　**45**

る場所であることがわかります。

　大地の成り立ちから見ても、日本列島は、4つのプレート（プレート：地球表層を覆う地殻とマントルの上部からなる板状の岩盤）の境に位置しています（図2.1.2-1下図）。

　日本列島は大陸をなすユーラシアプレートと北米プレートの上に位置し、海洋をなす太平洋プレートとフィリピン海プレートは、大陸をなすプレートの下に沈み込んでいます。この影響を受けて、その境目にあたる日本列島は地震や火山活動が活発で、その結果として起伏に富んだ地形が広がっています。

　災害対策基本法に示された自然災害は、日本列島が立地する自然条件の中で起こり得る自然現象によっていることがわかります。一方、これらの自然現象が四季を生み出し、多様な美しい景観をつくっていて、日本の豊かな自然がこれまで維持され、その中で日本人の生活が成り立ってもきました。

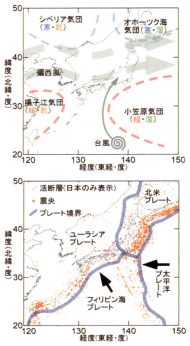

図2.1.2-1　日本列島周辺の大気と地殻の状況

● **災害の種類**

　がけ崩れや地震が起こっても、そこに人が暮らす場がなく、人々に影響を及ぼす状況が及ばなければ「災害」とはなりません。災害は原因となる現象によって区分されています。まず、その現象が自然的原因か人為的原因かによって大きく区分されます。災害対策基本法に示されるほとんどは自然現象による自然災害（天災）であり、規模の大きな火災や爆発などが人為的災害（人災）としてその範疇に含まれています。

　自然災害をもたらす大雨、地震、火山噴火などの自然現象は、それ自体を人間が止めることはできません。このため、それらの現象から生じる人の暮らしへの影響をいかに避けられるかが求められます。

　風水害の主要なものは多量の降水と強風によって、水・大気の移動だけでなく土砂も移動し、それによって災害に至ります。多くの場合は短期的に集中して、降雨や強風が生じて災害に至ります。通常と異なる気象が継続した場合に、農作物や人に大きな影響を与える気象災害として干ばつや熱波・寒波・冷夏などがあります。

土砂災害は、降雨や地震などを誘因として起こります。降雨によって斜面が不安定化して生じることが多いため、気象情報として土砂災害に関わる注意報や警報が出されます。がけ崩れは、斜面をなす地盤に含まれる地下水や地震の揺れが斜面を不安定化させ発生します。地すべりも同様の誘因で生じますが、動きが緩慢で、断続的に土砂移動を伴う現象です。崩れた土砂が水と混在しながら谷沿いに流下する現象が土石流です。土砂災害の原因となる現象の区分は土砂移動の状態によって分けられています。

地震災害は、地殻に働く力に耐えられなくなった岩盤が破壊し、そのエネルギーが強い揺れとなって現れ、災害に至ります。強い揺れだけでなく、地表の変形や土砂・水の移動を生じさせ、津波、がけ崩れ、地盤液状化など二次的な現象によって被害が拡大します。

火山災害は、地球内部を構成している物質が溶融してマグマとなって地表に噴き出す火山噴火が主な原因で引き起こされる災害です。大規模な噴火の場合は、火山体から半径数100kmにわたって被害を発生させる場合もあり、そうなると破局的災害に至ることとなります。小規模な噴火でも噴出した溶岩流や火砕流、火山灰の降下によって被害が発生します。地震・火山災害は気象災害に比べると発生頻度は小さいですが、ひとたび発生すると大規模な災害に至る場合があります。

● **自然現象から災害に至る流れ**

図2.1.2-2に自然現象から災害に至る流れを示します。災害に至る発端となる自然現象の主な誘因は降水・強風・地震が挙げられ、それらは、地形・地盤・水域の状況によって強弱を生じ、各種の自然災害現象となって人の暮らす地域に被害をもたらします。都市にある構造物や資産の自然災害現象に対する強弱や、社会・経済システムの災害に対する強さやしなやかさの違いによって被害の程度は異なります。

人間は自然誘因や自然素因を変えるわけにはいきませんが、災害の程度に大きく関わる社会素因は各種の対策を講じて対処することができます。その方法には、建物や土木構造物の耐震性を高めたり、堤防を高くして水害を防いだりするといったハード的な対策と、そこに暮らす人が被害にあわないよう未然に避難する対策など、個人・社会として、いのちを守るしくみを構築するソフト的な対策があり、それらを組み合わせて対処する必要があります。さらに、自然災害現象から生じた被害がもととなって、火災の発生や、福島第一原子力発電所

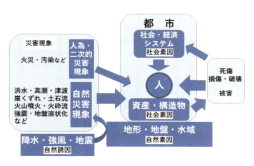

図2.1.2-2　自然現象から災害に至る流れ
（防災科学技術研究所「防災基礎講座,水谷(2009)」をもとに作成）

第1章

事故のように広域の汚染問題といった人為・二次的な災害現象が加わることもあります。二次的な災害現象が加わって災害を複合化させないための方策を今後も充実させる必要があります。

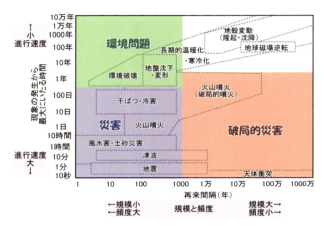

図2.1.2-3　自然現象の時間的位置付けと災害の関係(「月刊地球,小山(2003)」をもとに作成)

● **災害の規模と頻度**

　ある期間における大きな規模の地震の発生回数と小さな規模のそれを比べると、小さな規模の地震の方がより多く起こる傾向(グーテンベルグ・リヒター則)があり、地震の発生間隔はマグニチュードが1大きいと約10分の1になる傾向があります。大雨や大型の台風が日本に来襲する確率は相対的に小さな規模のものに比べて小さい傾向があります。

　小さな災害をもたらす自然現象は比較的頻繁に生じるので、人は多くの経験を持っていて、それに対する工学的なハード対策が可能です。しかし、頻繁には来ないたいへん大きな自然現象が都市を襲い大規模な災害に至るようなケースに対しては、ハード対策の限界を超えるため、その限界を知り、対策が破綻した場合の状況を想定した上で、社会システムに関わるソフト対策を講じて災害の拡大をできる限り防ぐようにすることが必要です。

参考資料

内閣府：日本の災害対策
気象庁：災害から身を守ろう
防災科学技術研究所：自然災害を学ぶ

キーワード

災害対策基本法、自然災害、誘因・素因、災害の規模と頻度

第3話

地震災害で起こること

　ひとたび大きな地震が発生し、その揺れが都市を襲うと広い範囲で家屋倒壊、地盤液状化やがけ崩れなどによって、多くの被害が生じます。強い揺れが生じても、そこに壊れるものがなければ、そこにいる人々は、さほど大きな被害を受けません。都市とその周辺には、人々の生活のために必要ないろいろな建物や水道・電気・ガスといったライフラインが存在し、強い揺れによって壊れるものが多いため、人命が失われたり、その後の生活に大きな支障が発生したりします。地震被害によって、まちの様子は一変します。ここでは、地震によって、まちがどのように様変わりしてしまうかを地域のみんなで考えてみましょう。

地震による被害の基本を知る

● **建物の被害は、その内部や外部そして道路などに影響を与えます**

　現在の建築基準法では、建物を建てる際の揺れに対する強度として、震度6強・震度7で倒壊しないことが最低限求められています。しかし、新しい建築基準法が定められたのは、1981年からで、それ以前の建物は震度5強程度の揺れで建物が倒壊しないという条件でした。古い建築基準法による建物はまちの中に多数存在し、すでに40年以上を経過しているものも少なくありません。

写真2.1.3-1　熊本地震での木造家屋の倒壊

　建物が大きく揺れると、その中にある家具をはじめとする家財が転倒・散乱し、もしその中に皆さんがいると、大きなけがをする可能性があります。特に家具やテレビなどの固定を行っていますか？　特に寝室や居間など家の中で長く時間を過ごす部屋の揺れへの対処を十分に行いましょう。木造住宅の倒壊では、1階部分が崩れや

コミュニティ防災の基本と実践　　**49**

すい傾向があります。2階建ての場合、2階部分が形をとどめ、そこにいた人が助かっている例が多く見られます。居間にしている1階部分の老朽化に対する点検と補強を行うことが大切です。

建物が倒壊したり、建物周辺を囲うブロック塀などが倒壊したりすると、道路が塞がれ、スムーズな避難ができなくなります。特に幅の狭い道路は要注意です。皆さんのまち中に、このような道路はありませんか？ 地震後に安全に活用できる広い道路を避難路として確認しておくことも大切です。

写真2.1.3-2
兵庫県南部地震での家屋倒壊と道路の閉塞
（写真提供：神戸市）

● 地震時に大きく地盤が様変わりし、大きな被害をもたらす場合があります

大都市の多くは、海岸平野に立地しています。平野の表層は、沖積層と呼ばれる軟弱な粘土や砂の層からできています。地震の際に、沖積層が揺れを大きくするため、平野部に立地する都市は、周辺の台地や山地に比べ大きく揺れ、地震被害を大きなものにします。それだけでなく、地震時に液状化と呼ばれる現象が起こります。特に緩い砂の層が表層にあり、地下水が介在すると強い揺れによって、砂が地下水と一緒に地表に吹き出し、地盤はそれまで保っていた強度を失います。この変化によって、その上に立っていた建物が傾き、埋設されたライフラインが被害を受け、都市機能が麻痺することになります。

写真2.1.3-3
兵庫県南部地震でため池を埋めた地盤が液状化によって生じた亀裂と建物被害

皆さんのまちの中には、高いがけや、盛土によって造成された箇所はありませんか？ 強い揺れは、がけ崩れを発生させたり、盛土を構成する土砂の強度を低下させ、宅地を大きく変形させたりすることがあります。

地盤の強度低下や変形が生じると、たとえ住宅の耐震性が十分でも建物基礎が壊れることで建物も大きく破損しますし、生活道路が使えなくなることもあります。まちの地盤の成り立ちを知り、地震時に地盤がどのような挙動をするのかを知っておくことも重要です。

● 地震後の二次的な災害として火災があり、木造家屋密集地域は要注意です

1923年関東大震災の東京での建物全壊数は24,000棟余りに対して、焼失棟数は176,000棟余りに達しています。火災による死者・行方不明者数は66,000人余りで住宅倒壊による死者数

の18倍にも達しています。1995年兵庫県南部地震でも、木造家屋密集地域であった神戸市長田区をはじめとして火災が発生し、全体で7,000棟近い家屋が焼失しています。日本の家屋の多くは木造のものが多いため、地震直後に倒壊し、大破した建物から火災が発生すると、燃え広がりやすく、混乱した中での消火活動も十分にできないことから、大火災となる場合があります。

写真2.1.3-4
兵庫県南部地震での火災跡地(写真提供：神戸市)

老朽化した木造家屋の密集地域は特にリスクが高い地域です。

　地震直後には揺れが収まった段階でいいので、火の始末を慌てずに行うことが第一です。復旧時に電気・ガスの遮断が解除されるときに、家の点検として、コードの破損や器具のスイッチの状態などを十分に行う必要があります。

地域で地震による被害を考える進め方
◇ 想定される地震時の揺れを確認しましょう

　日本は、地震を発生させる可能性のある活断層が2,000以上も存在します。多くの都市では、近隣に存在する活断層で地震が起こった場合を考慮して、地域の地盤状況を加味した地震時の震度想定分布図を公表しています。皆さんの家にも防災マップの中にその図が示されていますので、みんなで確認しましょう。特に震度5強以上の揺れが生じる地域では、建物の点検を十分に行い、不具合があれば、できる範囲での補修などが必要でしょう。

◇ 地域の地盤の成り立ちを知りましょう

　建物が建ち並んだ都市では、簡単にその地域の地盤の様子はわかりません。これを知るためには、国のいくつかの機関が出している各種の地図が参考になります。国土地理院では、過去に発行した旧版の地形図をWeb上で公開しています。明治後半から昭和初期までの地形図では、その場所が田んぼ、川や池であったことが容易にわかります。主要な都市域では、「土地条件図」、各府県の主要部については「土地分類基本調査」による地形分類図や地質図などがつくられています。この中の地形的には「低地」や「人工改変地」などの地域は、揺れやすく地盤の変形なども生じやすい地域と見なされます。また、地域に急な斜面がないかどうか、過去に雨などで崩れたことがないかをみんなで確認することが大切です。

◇ まちを点検しましょう

　地震によってまちが大きな被害を受けると、まちの状況は一変します。普段使用している生活道路が建物倒壊などで通れなくなることがあります。まちを地域の皆さんで巡る「防災まち歩き」を行って、地震後にどのようにまちが変貌しそうかを意見交換しながら点検しましょう。

細い道や老朽化した建物密集地区、がけや斜面（法面）の様子、鉄道や高速道路とまち並みとの関係などを見て歩きましょう。その際に、旧版の地形図やハザードマップを持って、実際のまちの様子と見比べながら歩くことが大切です。大人だけでなく、子どもの目線も大切です。世代を超えた取り組みとして、楽しくまちを巡る地区イベントにすることも考えてみてください。

◇ <u>地区の地図をつくる</u>

　まち歩きの後は、公民館などを利用して、その日に歩いたルートをおさらいしながら、みんなが気付いたまちの様子を述べ合いましょう。10名弱くらいの小グループでまちの白地図を置いたテーブルを囲んで話し合うのがよいでしょう。付箋やカラーマーカーなどを使って、気付いた点、危険な箇所、安全な道路や場所などを地図に書き込むことで、まちの様子が浮かび上がってきます。このような作業を通じて、みんながまちの様子を理解し、地震時に避難に活用できる道路や自分の暮らす地区で何に気を付けるべきかがよりよく理解できるようになります。

参考資料

都道府県庁・市町村 ： 防災マップ、ハザードマップ、防災ポータルサイト

国土地理院 ： 地図・空中写真閲覧サービス、地形分類図、都市圏活断層図、電子国土Webサイト

国土調査 ： 土地分類基本調査、土地履歴図

各地域市役所・町役場 ： 白地図（1万分の1や2500分の1地形図）

東京大学出版会 ： 「新編 日本の活断層：分布図と資料」（活断層研究会編、1991）

キーワード

マグニチュード、震度、沖積層、液状化、建築基準法、火災、防災まち歩き

第4話

津波災害で起こること

　2004年12月26日に発生したスマトラ島沖地震によって引き起こされた津波や、2011年3月11日に発生した東北地方太平洋沖地震によって引き起こされた津波では、私たちは津波の恐ろしさを示す多くの映像を目にしました。津波とはどのようなものか、津波によってどのような事態が引き起こされるか、についてはおおよそ理解できていることと思いますが、ここでは、津波によってもたらされる被害と、被害から身を守るための考え方についてまとめてみましょう。

● 津波の発生

　地球の表面はいくつかのプレートと呼ばれるかたい板状の岩盤で覆われています。図2.1.2-1に示したように、日本列島の周辺には4つのプレート境界が存在します。これらのプレートは常に互いに押し合っていますが、あるとき、突然、大きくずれることがあります。このずれが発生したときの震動を、海溝型地震と呼びます。プレートのずれが大きいときには大きな地震動が発生します。プレート上の海水は、プレートが隆起したときには持ち上げられ、プレートが沈下したときには沈み込みます。このようにして、海水面の高低差が発生します。水は、水面の高い方から低い方へと移動しますので、プレートが大きくずれたところから、水の波が発生します。このようにして津波は発生します（図2.1.4-1参照）。

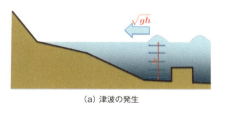

(a) 津波の発生

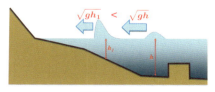

(b) 津波の伝播

図2.1.4-1　津波の発生と伝播

第1章

　地震の発生場所が内陸である直下型地震の場合には周期の短い地震動を感じ、発生場所が遠い（海溝型地震）場合には周期の長い地震動を感じます。従って、比較的周期が長い大きな揺れを感じたときには津波が発生する可能性がありますので、海岸近くにいる場合には、できる限り迅速に海岸から離れるとともに、コンクリートなどでできた頑丈な建物のできる限り高い所に避難してください。津波はエネルギーをなかなか失わないので、地震や津波の発生位置が遠方で地震動を感じない場合であっても、津波が襲来することもあります。海岸近くに出かけるときには世界のどこかで津波が発生していないか、情報を収集してから出かけるようにしましょう。海辺にいるときは、ラジオを聞くことを強くおすすめします。

　時には、海溝型地震以外の原因で津波が発生することもあります。たとえば、海沿いの山で大崩落が発生し、崩れ落ちた大量の岩や土砂がいっきに海に流れ出したときにも津波が発生します。1792年には、長崎県島原半島の眉山が大きく崩れ、その土砂が有明海に大量に注ぎ込んだために津波が発生し、対岸の肥後（現在の熊本県）が大きな被害を受けました。「島原大変肥後迷惑」と表現されるこの災害では、15,000人以上の死者が出ました。アラスカのリツヤ湾では、地震によって土砂とともに巨大な氷塊が海中に流入して、およそ525mの津波が発生したといわれています。非常に稀ですが、隕石の落下によって津波が発生することもあります。ダムの背後地の斜面が崩壊してダム湖内に津波が発生し、ダム本体を破壊した結果、その下流域に甚大な被害をもたらしたこともあります。

● **津波の速さ**

　津波の伝わる速度は、水深hと重力加速度gの積の平方根、すなわち、$\sqrt{gh}$で伝わります。海の平均水深は4,000m程度ですから、おおよそ、720km/時の速さで伝わります。水深が浅くなると、伝わる速度は遅くなります。たとえば、水深10mの場所では36km/時 程度になります。津波が大洋から海岸に向かって進んでくることを考えると、水深が徐々に浅くなるので、津波の伝わる速度は徐々に遅くなることがわかりま

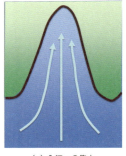 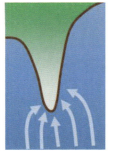

(a) 入江への集中　　(b) 岬への集中

図2.1.4-2　津波が大きくなる地形

す。しかし、後方から速度の速い水が次から次へと押し寄せてくるので、水の渋滞ができることになります。そのため、水面が盛り上がらざるを得なくなってしまいます。このようにして、海岸近くで急激に大きな波が現れることになります。これが津波の正体です。

水深の深い所では速く進み、浅い所ではゆっくり進むので、結果として、浅い所に水が集まってきます。リアス式海岸のように入りくんだ地形では、幅の狭い奥まった場所では津波はどんどん大きくなり、非常に高い場所にまで到達することになります。岬の先端などにも津波が集中してきます。海岸に近付くときには、地形的特性にも注意を払うようにしましょう。

　健康な成人が平坦な道を歩く速度は、4km/時 程度です。人の歩く速度と比較すると津波の伝わる速度は非常に速いことがわかります。したがって、津波を目で確認してから避難するのでは、遅いのです。大きな揺れを感じたら、一刻も早く避難しましょう。

● **津波による災害**

　気象庁では、地震が発生したときに、地震の規模や位置を素早く推定し、これらをもとに沿岸に到達する津波の予想高さを求めて、大津波警報、津波警報、津波注意報を発表します。地表面から津波の水面までの高さを浸水深といいますが、予想される浸水深が0.2〜1mのときには津波注意報を、1〜3mのときには津波警報を、3m以上のときには大津波警報を発表します。津波の高さが0.2mというとたいしたことはないと思う人がいるかもしれませんが、図2.1.4-3に国土交通省が「津波の浸水深による分類」で整理しているように、流れている水の中を歩いて避難することは大変難しくて危険です。津波浸水深が0.3mを超えると避難行動が取れなくなります。また、浸水深が1mを超えると木造家屋では部分的に破壊され、2mを超えると全面破壊に至ります。鉄筋コンクリートビルや石造家屋でも浸水深が4m程度になると破壊されます。

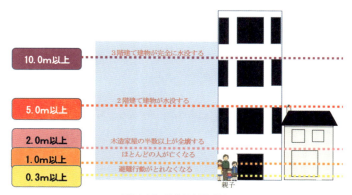

図2.1.4-3　津波浸水深と被害

このように、海から押し寄せて来る津波は多くの家屋を破壊するとともに、自動車をはじめ、あらゆるものを水の中にのみ込んでいきます。このような浮遊物を含んだ津波は、津波浸水深よりも高い位置まで被害を及ぼすことがあります。たとえば、津波にのみ込まれて水面に浮かんでいる船が津波とともに川を遡上し、橋を破壊した事例などが挙げられます。また、このような浮遊物が建物に衝突して破壊する

写真2.1.4-1　東日本大震災で海へと流出した木造家屋

事例も数多くあります。また、津波は陸上から海へと戻っていくときに、水の中に取り込んだ多くの物を海へと引きずり込んでしまいます。写真2.1.4-1に示すように、東日本大震災では大きな家屋をはじめとするいろいろなものが海へと流出し、300万tもの物が津波発生直後に海底に沈み、150万tが太平洋へと流出・漂流したとする推計もあります。

津波に備える

　津波からいのちを守るためには、まず、水に触れずに呼吸する空間を確保することに努めましょう。水に触れないために、地震が発生したら津波が押し寄せてくるものと思って、できる限り早く高い所へ避難しましょう。大きな揺れを感じたときには、停電が発生して地震や津波などの情報を手に入れることが困難な状況になっていることも考えられます。情報の入手には、電池などで利用できるラジオが有力です。可能な限り、新しい情報の入手に心がけましょう。情報を入手しながら、率先して周りの人に声がけをしながら、高い所に避難してください。そうすれば、水に触れずに呼吸する空間も確保できます。

　地震が発生したときに素早く高所に避難するためには、あらかじめ、想定津波浸水深の情報を入手し、想定される津波が襲来した場合でも十分に安全な避難場所を認識しておく必要があります。最近では、津波避難場所がどこにあるかを示す表示が町中の至る所で見られるようになっています。普段の生活空間であれば、どこが避難場所であるのかはわかっているかもしれませんが、職場や出張・旅行先での避難場所の情報は知らないことが多いかもしれません。是非、避難場所情報の入手を心がけるようにしましょう。馴染みの土地であっても夜間の停電時の避難は大変危険で難しいものです。夜間でもわかる避難場所への誘導目印などの工夫が必要です。

　津波はいろいろなものをのみ込んで運びますが、火種を運ぶこともあります。これによって火災が発生し、時には大火災へとつながることがあります。従って、避難場所に避難した後には、周辺の状況を常に観察し続けるとともに、万が一、火災が迫ってきたときのことを想定して火災対策を考えるようにしましょう。そのためには、津波避難場所における消火・防火対策を考

第4話　津波災害で起こること

えておくこと、さらには、津波避難場所からの避難についても考えておくことが大切です。

参考資料

内閣府：みんなで減災（減災啓発ツール）津波への備え、紙芝居「津波だ！いなむらの火をけすな」、南海トラフ巨大地震対策検討ワーキンググループ

国土交通省：津波防災まちづくりの考え方、地震・津波災害に強いまちづくりに必要な基本認識、津波防災地域づくりに関する法律について

内閣府・農林水産省・国土交通省：津波・高潮ハザードマップ作成・活用事例集（津波や高潮の被害に遭わないために）

キーワード

津波の発生、南海トラフ巨大地震津波、津波警報、津波浸水深、津波避難施設、津波火災

コミュニティ防災の基本と実践　　**57**

第5話

水害で起こること

　水は、地球の特徴を表す最も適切な言葉かもしれません。水がなければ現存するどんな生物も生きてはいけないのではないでしょうか。その意味で、水は私たちにとってなくてはならないもののひとつといえるでしょう。しかし、その水は、私たちの生命の脅威となることがあります。ここでは、水の脅威、水害がどのように迫ってくるのかを整理するとともに、その対策について考えてみましょう。

● 水害の発生と種類

　地球上には$1,385×10^9$km^{3}の水がありますが、そのうちの約97.5%は海水で、約2.5%が淡水です。私たちが生きていくために利用できる淡水は限られた希少な資源であることがわかります。淡水総量に対して、地下水はその約31%、湖沼の水は約0.3%、川の水は0.006%程度にすぎません。すなわち、川の中を流れている水の量は地球上の水の非常にわずかな量であることがわかります。このわずかな水は雨や雪などの降水によってもたらされます。一般的に降水量はmmという単位で表されます。降水量がmmと聞くとたいした量の雨が降ったようには思えないかもしれませんが、いったいどの程度の雨が降っているのでしょうか？ ある川に対して降水が集まってくる範囲を流域といい、その面積を流域面積といいます。たとえば、淀川の流域面積はおよそ8,240km^{2}です。この流域全体に1mmの雨が降ったとすると、流域面積とmmで表される降水量のかけ算によって総降水量を求めることができますので、8,240,000m^{3}もの雨が降ったことになります。1mmの降水量といえども、地上には大量の淡水が供給されることになることがわかりますね。このように流域に大量に降った雨が供給され、これが数十〜数百mの幅の川に流れ込んでくるわけですから、雨が降ると川の水位が高くなることもわかりますね。

コミュニティ防災の基本と実践　**59**

第1章

表2.1.5-1　雨の降り方と強さ

予報用語	予報用語	人の受けるイメージ	人への影響	屋外の様子
10以上～ 20未満	やや強い雨	ザーザーと降る	地面からの跳ね返りで足下がぬれる	地面一面に水たまりができる
20以上～ 30未満	強い雨	どしゃ降り	傘を差していてもぬれる	
30以上～ 50未満	激しい雨	バケツをひっくり返したように降る		道路が川のようになる
50以上～ 80未満	非常に激しい雨	滝のように降る	傘は全く役に立たなくなる	水しぶきであたり一面が白っぽくなり、視界が悪くなる
80以上～	猛烈な雨	息苦しくなるような圧迫感がある。恐怖を感ずる		

（気象庁のHPより一部抜粋）

　表2.1.5-1に示すように、気象庁は、1時間の降水量が20～30mmでどしゃ降りと感じ、30～50mmでバケツをひっくり返したような雨、50～80mmで滝のように降っていると人は感じるとしています。最近では、短時間で多くの雨が降ることが増えているように感じます。一方、雨が降り始めてからの総降水量が問題となる場合も増えています。最近の報道では、10分間雨量、1時間雨量、24時間雨量、総降水量などと降水量の表現方法も多くなってきたように感じます。ちなみに、気象庁のホームページでは、最大10分間降水量として2011年7月26日の新潟県室谷で50.0mmが、最大1時間降水量として1999年10月27日の千葉県香取で153mmが、最大日降水量として2011年7月19日の高知県魚梁瀬で851.5mmが記録として残されています。ちなみに、日本の年平均降水量はおよそ1,700mmで、世界平均のおよそ2倍です。また、2011年の台風12号では、8月30日から9月5日までの期間に、奈良県上北山村で1814.5mm、三重県大台町で1630.0mmの降水が記録されています。1週間で1年分の降水があったことがわかります。

　先に述べましたように、台風や豪雨、雪解け水などによって川の水位が急激に高くなることを洪水といいます。すなわち、洪水とは本来水が流れている空間内に大量の水が流れている状態を表します。降水量などが多くなると、これらの水が私たちの住んでいる空間にあふれ出してくるようになります。このような状態を氾濫といいます。私たちの生活空間の外側にある水（外水）があふれ出してくる氾濫を外水氾濫といい、代表的な外水氾濫に川の氾濫があります。図2.1.5-1（a）のように川の水位が高くなって堤防を越えたり、堤防が崩壊して生活空間内に水があふれ出した水は、標高の高い所から低い所へと速い速度で水が移動していきます。降水量が多いときには、川の水位の情報についても注意を払うようにしましょう。これに対して、図2.1.5-1（b）のように、私たちの生活空間にある下水道などの水があふれ出してくる氾濫を内水氾濫といいます。都市部では、地表面がアスファルトなどで覆われて降水がすぐに下水道管に入ってしまうため、短時間に猛烈な雨が降ると、下水道の排水能力を超えてしまって地上に水があふれ出してしまうのです。外水氾濫と内水氾濫を比較すると、外水氾濫の方が

第5話　水害で起こること

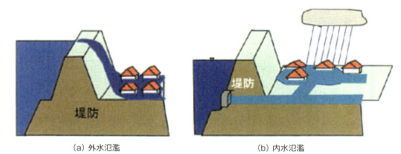

(a) 外水氾濫　　　　　　　　　　　(b) 内水氾濫

図2.1.5-1　氾濫のイメージ（国土交通省中部地方整備局木曽川上流河川事務所のHPより）

水の流れが速く、氾濫の範囲も広く、浸水深が大きくなる傾向があります。

　川の氾濫以外の外水氾濫として、津波や高潮などが挙げられます。高潮は、台風などの発達した低気圧が通過する際に現れる現象です。低気圧下の海水面における大気圧は、低気圧の周辺の海水面上の大気圧よりも低いために、水面が盛り上がって高くなります（図2.1.5-2中のA）。さらに、風が吹いて海水が吹き寄せられて一層、水面が高くなります（図2.1.5-2中のB）。水面が防潮堤の高さよりも高くなると、海の水が私たちの生活空間に入ってきます。これも外水氾濫の一種といえます。川の氾濫と異なるのは、海水が生活空間に入ってくるということです。田畑が海水に浸かると塩分がなくなるまで作物を育てることができなくなりますし、鉄などの金属類は腐食が早くなりますので、構造物などの寿命が短くなります。

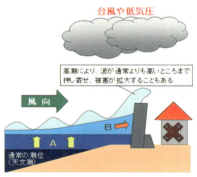

図2.1.5-2　高潮の発生メカニズム
（気象庁HPより）

写真2.1.5-1　ジェーン台風による高潮
（大阪市HPより）

コミュニティ防災の基本と実践　61

第1章

● 水害から身を守るために

　まずは、自身の居場所の地形的特性を知るように努めましょう。比較的多くの人が住む河口付近の平野部は、川によって山から運ばれてきた土砂によって形成されていることが多く、それ故、一般的に標高が低く海水面との差がほとんどありません。過去の地下水のくみ上げ等の影響を受けて、場所によっては海水面よりも低いゼロメートル地帯となっていることもあります。加えて、河床が私たちが生活している平野の標高よりも高い天井川であることが少なくありません。水が高所から低所へ流れることを考えれば、標高に関する情報が重要であることは容易に理解できます。このような地域は、水害のリスクの高い地域といえます。自らの居場所に最も近い川の氾濫場所はどこか、そこからの距離はどの程度か、海からの距離はどの程度かなどの情報は、避難行動を取ることを考える上で重要な情報です。同時に、ハザードマップで想定されている浸水深を確認しておくことも大切です。日頃からできることは確実にしておきたいものです。

　次に、台風や大雨が降っているときの注意点についてまとめておきましょう。まず、台風や大雨のときには気象情報をこまめにチェックし、降水量の具体的な情報を入手するようにしましょう。気象庁や国土交通省、自治体、民間の気象情報サービスのホームページなどにアクセスするとよいでしょう。勿論、今後降るであろうと予想されている降水量の情報も重要です。特に、夕方時点では、夜間から明け方にかけての予想降水量の情報を、必ず確認するように心がけましょう。相当量の降水量が予測されているのであれば、暗くなるまでに避難行動を取るようにすべきです。また、それまでの降水量の情報についても確認するようにしましょう。すでに、多くの降水があった場合には、その時点で地中に十分な水が含まれていますので、短時間で川の水位が増加しやすい状況になっているからです。このような場合には、早めの避難行動を心がけましょう。

　「避難準備・高齢者等避難開始」、「避難勧告」、「避難指示」などが発令されたら、迅速に避難しましょう。これらの避難情報が出ていなくとも、避難所開設の情報が得られたら行動するように心がけてください。水深が膝の高さよりも深くなると、歩行が困難になります。また、このような状況下では、蓋の外れたマンホールの存在や側溝の場所などもわからなくなります。猛烈な雨が降って、すでに浸水が始まっている場合、暗くて足元が見えないような状況下では、無理して避難するのではなく、屋内の高い所に避難してください。

　台風の規模（中心気圧や暴風域の範囲など）や進路の情報は時々刻々と変化します。こまめに気象情報をチェックするようにしましょう。台風が最接近する予想時間を把握するとともに、潮位（海水面の高さ）の情報にも注意しましょう。潮位の高くなる時間と台風の接近が重なると、高潮の発生の危険性が高くなります。また、台風の進路にも注意を払いましょう。北半球では、台風などの低気圧が通過する際、地上付近ではこれらの中心に向かって反時計回りの風が吹きます。そのため、進行方向に向かって右側の半円では低気圧の進行方向と風向きが一致するために、これらの相乗効果として風が強くなります。一方、左側の半円では、低気圧の進行方向と風

向きが逆になるために風速が若干小さくなります。その結果、右半円では大量の水が風下側へと吹き寄せられやすくなり、一層、海水面が高くなります。これによって、高潮発生の危険性が高まることになります。

　台風が接近する際には、大量の雨が降っていることも稀ではありません。このとき、海水面の高い満潮時には、河口に近い川では、海水面の上昇の影響を受けて川の水位も上昇することがあります。その結果として、河口付近では外水氾濫が発生する危険性が高くなります。河口に近い低平地では、海と川の両方に注意を払う必要があるということがわかります。

　大きな川にだけ気を取られないように気をつけましょう。大きな川へと注ぐ小さな川(支川)から氾濫が始まっても、水は私たちの生活圏に入ってきます。いのちを確実に守るためには、普段から身近な川に興味・関心を持ち、広い視野を持って地域の特徴を知るように心がけましょう。気象庁では、表2.1.5-2に示すような洪水警報の危険度分布を、3時間先の流域雨量指数の予測値に基づいて5段階で色分けして、随時、ホームページで情報提供していますので、活用するのもよいでしょう。

　大量の雨が降ると、土中に多くの水が含まれることになります。その結果として土粒子同士のかみ合わせが効かなくなると、土砂崩れや土石流が発生することになります。居住地の背後に急な斜面がある場合には、長期間の雨などには十分に注意し、一層早めの避難を心がけてください。

表2.1.5-2　大雨警報(浸水害)の危険度分布

色が持つ意味	住民等の行動の例	想定される周囲の状況例
極めて危険 警報基準の一段上の基準にすでに到達	表面雨量指数の実況値が過去の重大な浸水害発生時に匹敵する値にすでに到達。すでに重大な浸水害が発生しているおそれが高い極めて危険な状況。	
非常に危険 警報基準の一段上の基準に到達すると予想	周囲の状況を確認し、各自の判断で、屋内の浸水が及ばない階に移動する。	道路が一面冠水し、側溝やマンホールの場所が分からなくなるおそれがある。道路冠水等のために鉄道やバスなどの交通機関の運行に影響が出るおそれがある。　周囲より低い場所にある多くの家屋が床上まで水に浸かるおそれがある。
警戒（警報級） 警報基準に到達すると予想	安全確保行動をとる準備をして早めの行動を心がける。　高齢者等は速やかに安全確保行動をとる。	側溝や下水が溢れ、道路がいつ冠水してもおかしくない。　周囲より低い場所にある家屋が床上まで水に浸かるおそれがある。
注意（注意報級） 注意報基準に到達すると予想	今後の情報や周囲の状況、雨の降り方に注意。　ただし、道路のアンダーパスには各自の判断で近づかない。　住宅の地下室からは各自の判断で地上に移動する。	周囲より低い場所で側溝や下水が溢れ、道路が冠水するおそれがある。住宅の地下室や道路のアンダーパスに水が流れ込むおそれがある。　周囲より低い場所にある家屋が床下まで水に浸かるおそれがある。
今後の情報等に留意	今後の情報や周囲の状況、雨の降り方に留意。	普段と同じ状況。雨のときは、雨水が周囲より低い場所に集まる。

（気象庁HPより）

第1章

参考資料

気象庁：気象警報・注意報、大雨警報・洪水警報の危険度分布、災害をもたらした気象事例、指定河川洪水予報、土砂災害警戒情報・土砂災害警戒判定メッシュ情報、高解像度降水ナウキャスト

国土交通省：わが国におけるゼロメートル地帯の高潮対策の現状、水害・土砂災害に備えて〜洪水等に対する警戒避難について〜、わがまちハザードマップ 〜地域のハザードマップを入手する〜、地点別浸水シミュレーション検索システム（浸水ナビ）、ハザードマップポータルサイト、XRAIN、川の防災情報、統合災害情報システム（DiMAPS）

国土交通省防災情報提供センター

国土地理院：指定緊急避難場所データ

キーワード

洪水、氾濫、高潮、ゼロメートル地帯、ハザードマップ、浸水

第6話

土砂災害リスクを知る

　日本の国土は山地や丘陵地が多く、地震や火山の活動が盛んで、地殻変動の活発な地域です。昔は、人々の多くが平地に暮らしていましたが、人口増加とともに都市は拡大し、山麓にまで住宅開発が及んでいます。活発な地殻変動の影響でもろくなった岩石や地層が斜面を形づくり、そのような斜面が崩れることで、大量の土砂が移動する現象は、従来から生じていました。人の生活の場が、このようなところにまで拡大し、土砂の崩落などで被害を受けることが多くなってきました。

　土砂災害は、落石、斜面崩壊、地すべり、土石流などが主に挙げられます。いずれも、山地や丘陵地などの斜面や谷間で生じ、斜面の麓や谷の出口などに大きな岩石や大量の土砂が移動して、住宅などに被害が及ぶものとされます。

　土砂災害に至るきっかけとしては、多量の降雨や地震、降雪地帯では雪解け水などが主な原因（誘因）とされています。地震は突然生じて、その予測は困難ですが、降雨については、天気予報や降雨レーダーの情報などを見ることで、現況と数時間先までの状況を考えることができます。降雨の状態から土砂災害発生時期を予測することはまだ困難ですが、降雨情報を得て早めの判断を行い、余裕を持った行動開始が必要でしょう。

　土砂災害が起こりやすい地域には、風化したり、地殻変動の影響を受けて割れ目が多くなったりしたもろい岩石や地層が分布するところ、火山体の近くでは、火山灰層や熱水で変質した火山岩が広がるところなどが挙げられます。また、それらの地層や岩石が急傾斜の斜面をなしている所は要注意の箇所となります。このような土砂災害の現象が起こりやすい場所の原因は素因と呼ばれます。

　皆さんのまちの土砂災害を考える際には、素因から起こりそうな箇所がないかを確かめ、そのような箇所がある場合には、主な誘因となる降雨の状況を得て余裕を持って避難できるタイミングを知ることや事前に安全な避難経路を知っておくことが必要でしょう。

土砂災害の種類

　ここでは、斜面崩壊・地すべり・土石流を取り上げて簡単に紹介します。これらの違いは、主に土砂の移動状況の違いによります。斜面を構成する土砂が一気に崩落する現象が斜面崩壊、斜面を構成する土砂が緩慢に何度も繰り返し移動していく現象が地すべり、水と土砂が混在しながら谷を流れ下る現象が土石流としておおむね区分されます。

　斜面崩壊（がけ崩れ）：多量の降雨や地震の揺れで斜面が不安定化して発生します（たとえば写真2.1.6-1）。降雨の場合には、地下浸透した水が地下水となって、斜面を構成する土砂の隙間に入ることで、土砂の強度が低下し、斜面がすべりやすくなり、斜面を構成する土砂が崩落します。地震では、強い揺れが斜面に生じるために、斜面を構成する土砂に大きな力が働くことで、土砂が崩落します。降雨による場合の多くは、水を集めやすい谷状（凹型）の

写真2.1.6-1
2017年九州北部豪雨による斜面崩壊の例

斜面が崩れやすく、地震の場合には周辺より揺れやすい凸型の斜面が崩れやすいようです。いずれにしても、比較的急な斜面で発生しやすく、斜面の傾斜角が30度以上の斜面で起こりやすい現象であるとされています。

　地すべり：地すべりもその地区に含まれる地下水が原因で、斜面が不安定化して起こる現象です。斜面崩壊と違って、地下水の水位が上昇すると、たびたび不安定化して、幾度もすべりを繰り返すことがあります。地すべりが活動しやすいのは、雨が降り続く時期（梅雨期・秋雨期など）や降雪地帯では春の雪解け期に地下水位が上昇することから、変動が発生しやすくなります。地すべりが起こりやすい地帯として、日本海側の2000万〜1500万年前ごろの火山性の堆積物が広く分布する地域や片岩

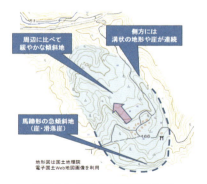
図2.1.6-1　地すべり地域の地形の特徴

や断層地帯などの岩石が破断してもろくなっている地帯が挙げられます。地すべりは幾度も活動しているために、地すべり地特有の地形をつくっています（図2.1.6-1）。地すべり地の上端

は、馬てい形の急ながけがあり、そのがけ下には湧水池ができている場合もあります。地すべり地の下半部は比較的緩斜面を形成しています。このような特徴から、防災科学技術研究所では日本全国の地すべり地形分布図を作成し、公開しています。

写真2.1.6-2
2017年九州北部豪雨で流出した土石流堆積物の例

　土石流：多量の雨が降ると斜面崩壊とともに崩落した土砂と水が混じって、谷沿いに流れ下り、谷の出口から本流の川筋に向かって土砂が吐き出されます（たとえば写真2.1.6-2）。谷筋の傾斜角が20度以上の渓流で発生しやすいとされ、十数km〜40km/時とかなり速いスピードで流れ下ります。土砂と水が混じっているので、泥水となった流体の密度が澄んだ水の1.5倍程度と大きく、大きな岩塊でも容易に移動させます。ハイキングなどで谷間を歩いたときに、車ほどの大きな岩を見かけますが、このような岩は、土石流で運ばれてきた可能性があり、この谷で再び土石流が発生すると、下流に移動することもあります。土石流が発生する際、一緒にスギの木などが流木として流れ出し、建物に突き刺さったり、橋に引っかかって流れを大きく変える原因となったりします。

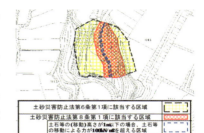

急傾斜地崩壊危険区域の提示例

土石流による被害が及ぶ範囲の提示例

図2.1.6-2
土砂災害危険区域の提示例（大阪府HPより）

土砂災害のリスク確認の進め方

◇ 土砂災害が起こりやすい場所を知る

　地すべりは前述したように特有の地形をつくりだすので、地形から地すべりが発生しやすい箇所がおおむねわかります。防災科学技術研究所のホームページから地すべり地形分布図を見てみましょう。過去に大規模な斜面崩壊を起こしたと見られる箇所なども示されています。斜面崩壊や土石流などの危険地区については都道府県がホームページなどで土砂災害危険箇所・土砂災害警戒区域などの資料を公開していますので（図2.1.6-2）、そのような箇所がないかを調べてみましょう。

大雨警報（土砂災害）が出された際などには、このような危険地区やその周辺地域の住民は、避難行動を早めに行う必要が生じます。皆さんの住んでいる地域にこのような危険地区がないかを確認しておく必要があります。

地名は、土砂災害の履歴を知る手がかりになる場合もあります。「竜」・「龍」・「蛇」などがつく地名は、土石流が流れ下る様子を指している場合もあり、土砂災害の履歴を地名に残す場合もあります。一概に決めつけられませんが、地域を考えるきっかけにしてください。地名は、時代とともに

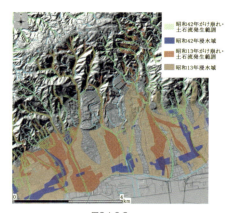

図2.1.6-3
国土交通省土地履歴調査の災害履歴データの表示例
（土地履歴図「神戸」図幅GISデータをもとに作成）

変更されますので、古い地図を見るのもよいでしょう。図書館では市町村誌がありますので、大きな土砂災害の記録が記されている場合もあります。

国土交通省では国土調査として現在、大都市周辺を主として土地履歴図の編纂を進めています。この土地履歴図の編纂項目には災害履歴も含まれており、地方公共団体・関係行政機関・大学などが災害調査した水害・土砂災害の現地調査図などからまとめた過去の被害範囲も示されています（図2.1.6.-3）。

◇ **降雨情報や土砂に含まれる水の状況を知る**

これまでの土砂災害の誘因のほとんどは、降雨であるといえます。雨水が地下にしみ込んで、地下水が増えて斜面をつくる土砂の強度が低下することで斜面は不安定となります。このことから、雨の状態と土砂の中にしみ込んだ水の状態を把握することが大切であることがわかります。

気象庁は、土砂災害に関わる降雨情報や土砂の中の水量のおおまかな程度を知るための指標を示しています。地域の地形・地質などで土砂の状態が異なったり、過去の雨量履歴も異なったりしますので、地域ごとに注意報や警報を出す基準が違います。気象庁のホームページで警報・注意報発表基準一覧表がまとめられていますので、確認してみましょう。

気象庁が出す注意報は「災害が起こるおそれ」があるとき、警報は「重大な災害が起こるおそれ」があるときの注意・警戒喚起のために出されます。地震の後や大きな降雨の後などでは、この基準にとらわれずに発表されることもあります。

土壌雨量指数も気象庁から示されます。この指数は降った雨が土壌中に水分量としてどれだけ含まれているかを相対的に示す値で、「大雨警報（土砂災害）」、「土砂災害警戒情報」を出す判断基準としています。この基準も各地で異なり、先に示した警報・注意報発表基準一覧表に示さ

れています。土砂災害発生の危険度を判定した結果は気象庁の「土砂災害警戒判定メッシュ情報」で地図情報として知ることができます（図2.1.6-4）。「土砂災害警戒情報」が出た段階では、かなり危険な状況で避難もできない状態となることもあるので、注意報の段階から、今後の雨の降り方に注意を払い、余裕のある早めの避難を心がけましょう。

● **土砂災害の誘因に関わる情報**

　国土交通省・気象庁：気象に関わる防災情報として各種の注意報・警報が発表されている地域を地図上から検索して確認することができます。各注意報・警報の説明も見ることができます。土砂災害警戒判定メッシュ情報は、5km四方の領域ごとの土砂

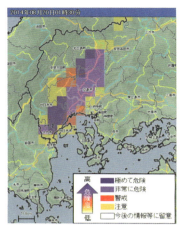

図2.1.6-4
気象庁の土砂災害警戒判定メッシュ情報の表示例
（気象庁HPより）

災害発生危険度を5段階に分けて示しています。「警戒」とされる状況となる、あるいは数時間後にその状況に達するといった場合には、各地域の土砂災害危険箇所・土砂災害警戒区域を主な対象に避難準備・高齢者等避難開始の発令を行うよう内閣府の避難勧告等に関するガイドライン（平成29年1月改定）に示されています（図2.1.6-5）。解析雨量・降水短時間予報は、気

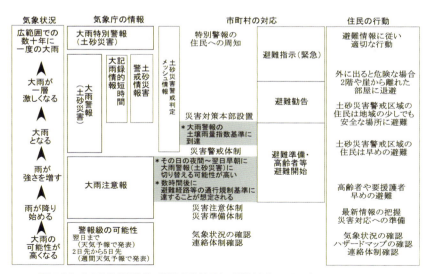

図2.1.6-5　気象情報・避難情報の推移と行動（内閣府の避難勧告等に関するガイドラインをもとに作成）

象レーダ観測と各地に設置されたアメダス気象観測点の雨量データをもとに降雨量の解析を行った1km四方の結果を電子地図上に示しています。1〜6時間先の1時間ごとの降水量予測も示してくれます。これとは別に、気象レーダ結果のみからより迅速な降雨状況を知る手段として降水ナウキャストが公開されており、1時間先までの5分ごとの雨の強さがわかります。気象レーダや解析をもちいたこれらの予測は、実際の雨の強度と違う場合もありますので、周囲の雨の様子や雲の流れかたも確認しながら状況を判断することは大切です。

参考資料

防災科学技術研究所 ： 地すべり地形分布図
国土交通省 ： 重ねるハザードマップ、ハザードマップポータルサイト、土地履歴図
都道府県庁 ： 土砂災害危険個所、土砂災害警戒区域、急傾斜地崩壊危険区域
国土地理院 ： 地図・空中写真閲覧サービス
気象庁 ： 警報・注意報発表基準一覧表、土砂災害警戒判定メッシュ情報

キーワード

素因・誘因、地すべり地形、土壌雨量指数、地名、市町村史誌

第7話

台風・竜巻で起こること

　地球は水に富んだ惑星です。太陽からの熱エネルギーを受けて、水は地球上を循環することになります。この水循環システムは、地球上の生命体に物質や熱を輸送し、計り知れない恩恵を与えています。すなわち、水循環システムこそが地球上に複雑で堅牢な生態系を、そして多様性に富んだ環境を創出しています。この多様性の一側面として、水循環システムは極端な気象イベントをもたらすことがあります。その典型的な例が台風です。

● 台風の規模と特徴

　台風はその中心部に気圧の低い部分を有する大気の渦巻き流れです。この渦巻き流れは、海水の蒸発による継続的な熱エネルギー供給によって発生します。台風は半径が数百kmに及ぶこともある非常に平べったい構造で数日〜数週間にわたって成長し、減衰します。強風の影響範囲は広く、降雨や高波・高潮などの災害を複合的に引き起こします。

　海水温が26.5度以上あれば台風は勢力を強める可能性があります。発生場所によってハリケーン（主に大西洋）やサイクロン（インド洋）と呼び名が変わりますが、本質的には同じものです。また、ヨーロッパにはこうした熱帯性低気圧はほとんど襲来しませんが、前線により発達する温帯低気圧による同様の被害は生じています。日本周辺に接近した台風が温帯低気圧に変わることもよくありますが、これは生成要因が変わっただけで、依然強い力を保ったまま被害をもたらすことがあり警戒が必要です。

　報道などで伝えられる台風の強さやスケールの表現には表2.1.7-1及び表2.1.7-2に示すように明確な定義があります。統計的には中心気圧が低く風速も大きい強い台風ほど、台風のスケールは小さくなる傾向があります。また弱い台風であっても広い範囲に被害をもたらすことも考えられます。ですので、強い台風あるいは大きい台風ほどもたらされる被害が大きいと一概に述べることはできません。台風の大きさについては影響範囲を表すというくらいに捉えて

コミュニティ防災の基本と実践　　**71**

おくのがよいでしょう。

● 台風の風による被害

　台風は強風をもたらします。強風により吹き飛ばされた飛来物は非常に危険です。看板や屋根瓦など、平たく風の力を受けやすい形状の物体であれば重たいものでも強風によって舞い上がり、速い速度で衝突します。また鉄塔などの細長い建造物、ドームなどの膜状建造物は、その体積に比べて軽いので、地震よりも強風によって被害を受けやすく

表2.1.7-1　台風の強さの階級

階級	最大風速（10分間平均）
強い	33～44 m/s
非常に強い	44～54 m/s
猛烈な	54 m/s以上

表2.1.7-2　台風の大きさの階級

階級	風速15 m/s以上の半径
大型（大きい）	500～800 km
超大型（非常に大きい）	800 km以上

なっています。強風によって設計時点で想定していた以上の力を受けたり、長年にわたって繰り返し力を受けていると、こうした建造物が破断・倒壊する恐れもあります。屋外に設置されているサッカーやバスケットのゴールなども強風時にはよく転倒します。エアコンの室外機が吹き飛ばされ振り子のようになって階下の窓ガラスを突き破るという被災もあります。強風によって架線が切れて停電が生じることはよくあることです。電気が使えないと困ることはたくさんありますが、集合住宅などポンプ揚水しているところでは停電中は断水になることがあります。

● 台風と複合災害

　強風以外にも、台風の中心を取り巻くようにレインバンドと呼ばれる降雨帯が激しい雨をもたらします。2000年9月に発生した東海豪雨（図2.1.7-1）のように、停滞前線が日本列島にかかっているときに台風が接近すると、台風がもたらす暖かく湿った空気が断続的に前線に供給されることで絶え間なく雨が降り続きます。台風によってもたらされる豪雨は台風の最接近よりも早く生じ、さらに引き続いて生じる強風災害の只中に洪水被害が発生するリスクもあります。洪水には河川からあふれ出す外水氾濫と、雨水流入が下水管の処理能力を超えてあふれ出す内水氾濫があります。また、雨が降ると地下に浸透した雨水が土砂崩れ

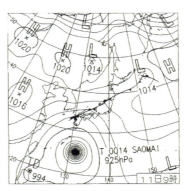

図2.1.7-1　東海豪雨時の天気図
（2000年9月,気象庁HPより）

を引き起こして斜面付近の住宅地を襲うこともあります。この土砂災害のリスクは地面の中の水分量によって変化し、長雨が続くほど危険性が高くなります。雨が止んだ後もしばらくは危険な状態が続くので、防災情報には注意してください。

台風により生じた気圧低下と強風によって沿岸部では海水面が上昇し、高潮が発生することがあります（写真2.1.7-1）。特に湾の入り口から湾奥に向けて強風が吹き続けると大きな高潮がもたらされます。北半球では台風の東側は南風が強く、危険半円と呼ばれます。一般的にはこの危険半円が湾と重なるような台風経路のとき高潮の危険性が高いといわれていま

写真2.1.7-1 1999年台風18号による熊本県八代での高潮被害の様子（宇城市危機管理課より提供）

す。また、海水は常に潮汐の影響で昇降していますが、満潮位と高潮の時刻が重なると、よりリスクは高まります。高潮は津波と同じように非常に周期の長い波としての特性を持っており、台風の通過後にも自由振動するバネのように海面を上下させます。このため、台風の最接近時が最も水位が高いというわけでもなく、通過後に水位が高まることもあります。また水位が低下しすぎた場合には発電所などの取水が一時的に行われなくなることも考えられます。高潮が生じたときには強風によって高波も同時に発生しています。高波の大きさは常に一定ではなく、稀に極めて大きな高波が発生して堤防を越流してきます。膝下程度の水流であっても人体を押し流すには十分危険な流れであるために、決して海岸付近には近寄らないようにしましょう。

日本の三大湾（東京湾、伊勢湾、大阪湾）には人口・資産が集中しており、海抜以下のゼロメートル地帯も広がっているため高潮リスクを常に抱えています。1934年の室戸台風や1959年の伊勢湾台風では大阪と名古屋で多くの溺死による人的被害も生じています。その後の河川・海岸構造物の整備によって過去の災害と同程度であれば越水を食い止められるように設計されています。それでも適切に水門などの操作がなされなければ市街地に海水が流れ込む恐れはありますし、過去の経験を超えるような台風災害が発生しないとは限りません。また高潮は津波と同じように河川を遡上して上流でも被害をもたらします。河川の重要度に応じて設計条件は異なるため、大河川では被害はなかったとしても、小・中河川の近くから越水する危険性はあります。先に述べた豪雨と高潮が同時に生じると、下流端の水位が上昇するために下水管を通じて河川や海に吐き出される水の流量が低下します。これによって内水氾濫が助長されるという可能性もあります。

● 将来気候と台風

　台風の発達はエルニーニョなどに代表される全球規模の気候変動の影響を受けます。中には十年以上にもわたる変動も存在するため、それらの影響を考えながらどの程度の台風が生じうるのかを考える必要があります。しかしながら、私たちが全球の台風を観測できるようになってまだ約50年程度しか経っていません。これまで発生し得た可能最大台風が今後大きな被害をもたらすかもしれません。また、台風災害は台風の経路に対して強く依存するので、過去に生じた台風の中にも大きな被害をもたらす可能性があった台風はたくさん存在します。人生の時間スケールに比べて気象災害の時間変動スケールは大きく、「これまで経験したことのない」災害が生じる可能性は決して低くないということを認識しておく必要があります。

　最新の研究ではCO_2の増加に伴う大気の放射冷却が減少することにより、大気循環が弱まって、結果的に将来の台風の発生個数は減少することが幾つもの研究機関によって予測されています。その一方で、発達した強い台風の個数は増加すると予測されています。これを災害経験という観点から考えると、台風の経験は減少するが危険な台風は増加するということを意味しています。災害への対応力を高める工夫をしなければ、私たちの社会の脆弱性は一層増すことになるでしょう。

● 竜巻の規模と特徴

　竜巻は台風と同様に中心部に気圧の低い部分を有する大気の渦巻き流れです。ただし、竜巻の場合は積乱雲に伴う上昇気流によって発生します。竜巻の半径は最大でも数百m程度と細長い構造をしており、持続時間も数分～数十分と台風に比べて大変短いものです。竜巻の影響範囲は狭いものの、風による力や物を吸い上げる力は非常に強く、局所的には台風を上回る破壊力をもたらすこともあります（表2.1.7-3）。時間スケール（持続時間）の違いは予測の困難さとも関係しており、短時間で発生して消滅する竜巻の予測は非常に難しく、発生を確認すると同時に即座に避難をしなければいけないという点では地震・津波災害とよく似ています。

表2.1.7-3　竜巻の風速と被害の関係

風速（3秒平均）	生じる被害
25～38 m/s	木造の住宅において、目視でわかる程度の被害、飛散物による窓ガラスの損壊が発生する。比較的狭い範囲の屋根ふき材が浮き上がったり、はく離する。物置が移動したり、横転する。自動販売機が横転する。
39～52 m/s	木造の住宅において、比較的広い範囲の屋根ふき材が浮き上がったり、はく離する。屋根の軒先または野地板が破損したり、飛散する。軽自動車やコンパクトカーが横転する。コンクリートブロック塀（鉄筋あり）が損壊したり、倒壊する。
53～66 m/s	木造の住宅において、上部構造の変形に伴い壁が損壊（ゆがみ、ひび割れなど）する。また、小屋組の構成部材が損壊したり、飛散する。普通自動車（ワンボックス）や大型自動車が横転する。鉄筋コンクリート製の電柱が折損する。
67～80 m/s	木造の住宅において、上部構造が著しく変形したり、倒壊する。鉄骨系プレハブ住宅において、屋根の軒先または野地板が破損したり飛散する。鉄筋コンクリート造の集合住宅において、風圧によってベランダ等の手すりが比較的広い範囲で変形する。
81～94 m/s	工場や倉庫の大規模な庇において、比較的広い範囲で屋根ふき材がはく離したり、脱落する。
95 m/s以上	鉄骨系プレハブ住宅や鉄骨造の倉庫において、上部構造が著しく変形したり、倒壊する。鉄筋コンクリート造の集合住宅において、風圧によってベランダ等の手すりが著しく変形したり、脱落する。

（気象庁HP日本版改良藤田スケールの解説資料をもとに作成）

第7話 台風・竜巻で起こること

● **竜巻の風による被害**

　台風のところでも説明しましたが、強風により吹き飛ばされた飛来物は非常に危険です。竜巻の場合には強風の吹いている地点と吹いていない地点が比較的近いために、両地点間で急激な気圧差が生じます。この気圧の差は、まるで巨大な掃除機のように住宅の屋根を引き剥がし、車を持ち上げることもあります。竜巻による被害はその移動経路上に限られますので、台風の風による被害と比較すると被害を受ける地域の面積は小さいですが、極めて深刻な被

写真2.1.7-2　オクラホマシティ空港のトイレ標識
　　　　　　（竜巻シェルターの表示あり）

害をもたらします。もし屋内にいて竜巻が接近してきたときには、窓を閉めて、できるだけ階下へ避難し、トイレや風呂場などの狭く窓のない空間に逃げることを考えましょう（写真2.1.7-2）。

台風や竜巻から身を守るために

◇ **強風対策**

・被害を防ぐために強風時に外に出ないことはもちろんですが、家の中でもガラス窓の近くは危険です。飛散防止対策を施したガラスにする、雨戸やシャッターを閉める、カーテンを引くなど自助による対策を行いましょう。

・台風の接近が予想されているときには、屋外に物を置かないようにしましょう。風によって飛ばされてしまうと人に当たってけがをさせたり、家の窓ガラスを割ることになるかもしれません。

・竜巻などの突風が生じる直前には、しばしば真っ黒な雲が近付いて急に暗くなる、雷鳴が聞こえる、冷たい風が吹く、大粒の雨が降る、雹（ひょう）が降るなどの現象が観察されることがあります。こうした兆候が見られたときには強風の発生を警戒しましょう。

・竜巻のように急に発生する強風に対しては、身を守るためにとっさに手近なコンクリート製の頑丈な建物の物陰に隠れるなどの判断も必要です。表2.1.7-3にあるように車は風に対して横転する可能性もあり、その中に隠れることは危険です。

◇ **高潮・豪雨対策**

・台風が接近する数日前から豪雨となることもあるので、気象情報や避難所の確認は余裕を持って行いましょう。

・洪水・高潮ハザードマップに示されている情報をもとに安全な避難経路を考えましょう。日頃からマンホールや用水路、アンダーパスなど災害時に危険な所を見つけておきましょう。

・夜間の避難は特に危険です。無理をせず避難できる近場の高い建物など垂直避難先を、あ

コミュニティ防災の基本と実践　75

らかじめ、検討しておきましょう。

・停電が発生すると、電化製品は使えなくなる可能性があります。テレビだけでなくラジオやインターネットなど多様な情報源を利用しましょう。携帯電話の充電などはあらかじめしておきましょう。充電用バッテリーも活用しましょう。

・豪雨時には車での避難は避けましょう。水没すると動かなくなり、車内に閉じ込められる危険性があります。

・避難の難しさは台風が近付くとともに増します。行動しやすいうちに自主的に避難の決断を行いましょう。自主避難が空振りに終わったとしても、それを損だとは思わずに、何もなくて得をしたと考えましょう。

・高潮の予報は台風経路に強く依存します。こまめに予報をチェックして備えましょう。特に、台風の予報円から判断して危険半円が湾に重なるような経路が予測される場合には最悪の事態も考えておきましょう。

参考資料

首相官邸 ： 竜巻では、どのような災害が起こるのか

内閣府・気象庁 ： 竜巻から身を守るには

政府広報オンライン ： 竜巻から身を守るために「竜巻注意情報」をご活用ください

気象庁 ： 台風や集中豪雨から身を守るために、過去の台風資料、災害をもたらした気象事例、竜巻等の突風データベース、台風情報、レーダー・ナウキャスト（降水・雷・竜巻）

海抜ゼロメートル地帯 ： 国土技術研究センター「意外と知らない日本の国土」低地に広がる日本の都市

国立情報学研究所 ： デジタル台風

防災科学技術研究所 ： NIED-DTD 台風災害データベースシステム

国土交通省 ： タイムライン、わがまちハザードマップ 〜地域のハザードマップを入手する〜、地点別浸水シミュレーション検索システム（浸水ナビ）、ハザードマップポータルサイト、川の防災情報、統合災害情報システム（DiMAPS）

国土交通省防災情報提供センター

国土地理院 ： 指定緊急避難場所データ

米軍合同台風警報センター ： Joint Typhoon Warning Center（JTWC）

キーワード

高潮、台風の強さ、台風の大きさ、複合災害、危険半円、ゼロメートル地帯、可能最大台風、飛来物、停電、自主避難

第8話

ハザードマップを理解する

● ハザードマップとは

　ハザードマップとは、地形図上にハザードと防災資源が表現された地図のことです。ハザードは、前出用語ですが「自然災害被害を引き起こす要因となる自然現象」であり、洪水ハザードマップであれば、大雨による浸水範囲と浸水深、これが「洪水ハザード」です。そして、たとえば建物構造（木造かRC造か）により流失被害が分かれたり、逆に堅牢な建物であれば「避難タワー」になること、つまりハザードへの抵抗力によって被害の多寡が決まることを考えれば、ハザード=災害ではなく「引き起こす要因」という点が理解できるかと思います。ハザードを単に「自然外力」と表現することもあります。

　ハザードマップは「ハザードと防災資源が表現された」と述べました。「ハザードマップ」なのに、なぜハザード表現のみでないのか、それはハザードマップには2つの目的があるからです。1つめに事前に災害ハザードがもたらす影響範囲や被害量を図化し、防災対策の基礎資料とすること、2つめに災害ハザード接近時、避難を中心とした対処のための判断と行動を助けることです。後者の目的のため、避難場所といった防災資源がマッピングされています。

　また地震、火山、洪水、土砂とハザードとなる自然現象は複数あり、それぞれ地震学、火山学、水文学といった学問分野があります。結果としてそれぞれの学問的知見でもあるハザードマップは、その内容にも差異があるのですが「地域で防災に取り組む」という視点から表2.1.8-1のように3つに区分できます。

　3つの区分のうちI-aとI-bは、1つめの目的を重視したマップです。後述しますが、空間分布表現型の場合、対象ハザードの設定条件についてきちんと理解しておく必要があります。また、実際には作成主体の意図により、3区分全体がカバーされたマップもあります。

コミュニティ防災の基本と実践　　77

類型	特徴	主な利用主体	ハザードマップの例
I-a シナリオ表現型	過去の自然災害の履歴も含め、特定された(複数でもよい)ハザードが地図に表現されている	・自治体 ・開発等に関わる民間企業	・火山ハザードマップ
I-b 空間分布表現型	ある一定のもしくは確率論に基づく雨量や地震力が均一に働いた際の影響を表現	・自治体 ・開発等に関わる民間企業	・多くの一級河川の「浸水想定区域図」 ・都道府県作成「土砂災害警戒区域等マップ」
II 防災行動支援型	避難場所等が表示され、避難判断と対処行動(安否確認など共助対応含め)を助けるもの	・住民 ・自主防災組織	・洪水ハザードマップ ・地域組織が自ら作成する「防災マップ」

表2.1.8-1　地域防災活動促進の視点から見たハザードマップの類型

● ハザードマップを見てみよう

それでは手元にある(ネット上でも構いません)ハザードマップを見てみましょう。おそらく最も目にすることが多いのは「洪水ハザードマップ」です。ほぼ全自治体で作成済みで、お住まいの市役所で入手できます。

まずハザードです。地形図上に何色かで着色されていますね。凡例で色の意味も確認しましょう。洪水と津波ハザードマップでは、浸水深がメッシュで表現されていることが多いのですが、道路と宅地の段差などメッシュ内部の地面高の多寡は表現されていない点には注意が必要です。

次に防災資源をチェックしてみましょう。避難場所、避難所、災害用井戸、消火器、消火栓などがプロットされているのではないでしょうか。また最寄りの避難場所、避難所はどこか、また避難場所へ向かうルートについて記載はあるか、確認してみましょう。

● 凡例と地図以外の紙面をチェックしよう

地図以外の記載箇所にも目を通しましょう。まず確認したいのは、表現されているハザードの設定条件です。洪水ハザードマップならば「200年に1回程度発生する想定で3日間総雨量548mm」(東京都葛飾区、荒川洪水ハザードマップの例)といった記載がなされています。また避難勧告・指示発令の条件や災害情報の伝達フロー(気象庁、都道府県、市区町村、消防署、報道機関などの関係機関でどう情報が共有され、発信されるのか)も多くのハザードマップで記載されており、情報に基づく適切な判断のために知っておきたい事項です。

● リスク・コミュニケーションの視点で、ハザードマップを活用しよう

次に、リスク・コミュニケーションという視点でハザードマップの活用場面を考えてみましょう。まず家庭において親子で地域の災害ハザードの大小や、各種防災資源の機能と位置について話し合ってみることが考えられます。ハザードマップの理解を夏休みの宿題とする小中学校

も増えています。親子でハザードマップを手に持って、散歩してみると、まちの地形や風景について、思わぬ発見があるかもしれません。

● 災害ハザードマップを自作してみる

さらにもう一歩進んだハザードマップ活用方法として、自分たちでハザードマップをつくってみることも防災力向上に大変有効です。行政がつくったハザードマップは1/10,000から1/25,000くらいのスケールが多く、普段の生活圏という意味ではもう少し大きな縮尺が適しています。たとえば住宅地図として流通している地図は1/1,500くらいの縮尺が多いです。おすすめは都市計画やまちづくりの検討に用いられ、市役所で購入できる1/2,500の地形図です（都市計画基本図とも呼ばれます）。

地域防災活動の成果という視点で2つほど地域による自作事例を紹介しましょう。

図2.1.8-1は愛知県碧南市棚尾地区で、町内会の地域防災活動と地域の公民館での活動を母体とした「棚尾地区自主防災を考える会」が作成した「棚尾地区防災マップ」です。1/2,500地形図上に地域住民で考えた「避難優先道路」、津波避難を考えるための地区内各所の標高、町内会ごとに割り当てられ地域運営を前提とした「地区避難所」、及び井戸、防災倉庫、貯水槽といった防災資源がシールなども活用しながら表現されています。

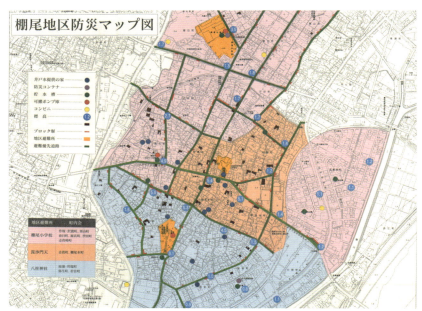

図2.1.8-1　碧南市棚尾地区防災マップ

また図2.1.8-2は「口永良部島防災マップ」で「島の子供たちと一緒に作った」と記載されています。発行元は口永良部島子供会で、このマップは2015年5月の口永良部島新岳の爆発的噴火（犠牲者ゼロで全島避難）を経験した子どもたち、保護者、学校、地域メンバーで「ずっとこの島に住み続けたい、そのために災害に向き合う」という想いのもとに防災ワークショップに取り組んだ成果です。2015年噴火時の避難行動、屋久島への全島避難と避難生活、そして帰島のプロセスで子どもたちが感じたこと、噴火だけでなく、地震や台風災害時に取るべき行動がイラスト風の地図で表現されています。

図2.1.8-2　口永良部島 防災マップ

どちらの事例も「ハザードマップ」という名称ではありませんが、表2.1.8-1の類型Ⅱに合致した、地域防災の営みが伝わってくるマップになっています。ぜひ皆さんも、災害ハザードマップを理解し、活用し、そして自ら作成にチャレンジしてみてはいかがでしょう。

参考資料
鈴木康弘編：「防災・減災につなげるハザードマップの活かし方」岩波書店、2015

キーワード
防災資源、ハザードマップ、リスク・コミュニケーション

第9話

わがまちの災害脆弱性を知る
（防災まち歩き/防災マップ作成）

　災害に備えるためにはまず、そのまちでどのような災害が起こるのか、どこで被害が出る可能性があるのかを把握する必要があります。すなわち、そのまちの災害に対して脆弱な箇所を知っておくことで、より効果的な対策を考え、災害に備えることができるのです。ここでは、それぞれのまちの災害脆弱性を知るための方法として、まち歩きや防災マップづくりがあります。まち歩きは実際にまちを歩いて、災害時に危ないと思われる箇所や役立つと思われる施設などを確認していきます。それを防災マップにまとめていくことで、防災対策や避難計画の基礎となる情報が得られるとともに、地域住民の災害リスクの認識につながります。

● まち歩きの計画と実施

　自分たちが住むまちのことをよく知らなければ、災害時に安全に避難することはできません。また、どこが危険な場所かを知らなければ事前に対策を講じることはできません。いざというときのために、避難場所はどこなのか、どの道を通っていけば安全なのか、あるいは、災害時に役立つお店や施設がどこにあるのかなどを知って備えることが大切です。まちを歩いてみて、このような場所をチェックしましょう。まち歩きを地域で行うときは、より多くの住民に参加してもらいましょう。情報を共有する住民が増えると同時に、多くの情報がもたらされます。以下に、まち歩きの手順を示します。

1. まち歩きの計画

　まち歩きのための準備をしましょう。準備するものは以下の通りです。

準備するもの

① チェックリスト（チェックする施設や場所のリスト）

② 地図（持ち運びに便利なサイズで準備）

コミュニティ防災の基本と実践　**81**

③ デジタルカメラ

④ 筆記用具（カラーペン、ラインマーカーなど）

⑤ カラーラベル、付箋など

⑥ メジャー、巻尺

⑦ クリップボードまたはペーパーホルダー

⑧ 班名簿・役割分担表（班長、カメラ係、記録係（危険個所、災害時に役立つ施設、避難施設、その他））

　水害を対象としているのか地震なのかで、チェックすべき施設や場所が変わります。チェックポイントを参考に、対象とする自然災害に関わるチェックリストを作成しましょう。

チェックポイント

① 危険箇所

　・崩れそうな急傾斜地、がけ地、高い石垣や盛土など

　・倒れそうなブロック塀、看板、石灯篭、鳥居や古い建物など

　・落下しそうな屋上広告物、高い煙突など

　・狭い道、袋小路など

　・木造住宅の密集地など

　・浸水の危険がある低地

　・危険な用水路、小川

　・見通しの悪いカーブ、曲がり角など

　・過去に災害があった場所

② 災害時に役に立つ施設や場所

　・消火栓、ホース、防火水槽、水路、井戸、消防器具庫、防災倉庫など

　・避難所、学校、公民館、公園、地元企業（土木、造園業）など

　・消防署、警察署、病院、公衆便所

　・コンビニエンスストア、スーパー、薬局、ガソリンスタンド

　・通信設備、公衆電話、ＡＥＤ（自動体外式除細動器）設置場所

③ 災害時に防災活動ができる人

　・役所、警察（派出所）などの職員

　・消防団員、医師、看護士、救急救命士、重機運転や無線通信ができる人など

④ 避難施設

　・避難所：小学校、中学校など

　・一時避難所：公民館、コミュニティハウスなど

　・一時集合場所：公園、集会所など

・避難路
・広域避難場所、オープンスペース、高台、避難可能な3階以上の建物
⑤ その他の施設

2. まち歩きの実施

まち歩きは、5～10人のグループに班分けして、担当する地区を決めて行いましょう（写真2.1.9-1）。範囲は90分以内に歩いて回れるくらいにしましょう。できるだけ性別、年齢、職業などが違ったメンバーで班をつくりましょう。各自の役割を決め、役割分担表に記入して、まち歩きを開始します。分担された役割（班長、カメラ係、記録係）を果たしながら、まちを歩きながら情報を収集していきます。

写真2.1.9-1　まち歩きの様子

カラーペン、カラーラベルなどで、チェックする施設や箇所を地図に記録して情報を収集しましょう。地図への記入は簡単なメモ程度で十分です。気付いたことや状況などもメモに残しておきます。防災マップを作成する際に、大きな地図に清書していきます。また、デジタルカメラで、チェックした施設や場所の画像を記録していきます。画像はどこで撮影したかわかるように、地図に撮影地点を記入しましょう。

● 防災マップづくり

まち歩きを終えたら、班ごとに防災マップづくりに取りかかります。防災マップ作成用の大きな地図に、収集した情報を整理して記入していきます（写真2.1.9-2）。

チェックリストに沿って収集した施設や場所の情報を地図上にラインマーカーやシールなどを用いて記していきます。その際、危険個所、災害時に役立つ施設、避難施設、それ以外の施設で色分けするなど、わかりやすくマップをつくっていきま

写真2.1.9-2　防災マップづくりの様子

しょう。撮影した画像は、印刷して地点ごとに貼り付けていきます。また、現地の状況や気付いたことなどのコメントを、地点ごとに付箋などに書き込んで地図に貼り付けていきます。

防災マップづくりの過程で明らかになった問題については、どのような防災対策が必要かも議論することで、地域住民の防災意識が高まることも期待されます。

● タブレット端末を使用したまち歩きと防災マップづくり

　最近はタブレット端末も身近になってきたことから、GIS（地理情報システム）アプリを使用したまち歩きと防災マップづくりも可能となってきました（たとえば、ESRI Collector）。その場合は、1グループ3人程度で、1台の端末を使用してまち歩きを行うとよいでしょう（写真2.1.9-3）。この場合は、班長、記録係、記録係補佐のような役割分担となります。

　あらかじめチェックする施設や場所のアイコンをアプリ上に作成しておく必要があります。まち歩きをしながら、発見した施設や場所の地点でそれを表すアイコンをGIS上でチェックしていきます。その際、メモや写真も地点情報として記録することができます（写真2.1.9-4）。

写真2.1.9-3　タブレット端末を用いたまち歩きの様子

　また、Googleマップを利用してまち歩きや防災マップをつくることもできます。マップ上に地点情報を記入したり、撮影した画像を関係付けて保存することも可能です。GPS（位置情報）機能があるデジタルカメラで撮影した画像なら、自動的に地図上に画像データが読み込まれます。

　このようなGISアプリを使用したまち歩きと防災マップづくりの利点は、まち歩きをしながら防災マップづくりができることです。また、電子情報として記録するため、まちに変化が生じたときに情報の更新

写真2.1.9-4　タブレットの画面イメージ

が容易です。保存も用意であり出力すれば複製も簡単に作成できます。ただ、パソコンが苦手な高齢者にとってはわかりにくいこともあり、比較的若い年代層に適している方法といえます。

参考資料

まち歩きや防災マップづくりに使えるアプリや参考資料は、市町村や都道府県、内閣府などのホームページで見つけることができます。
「大阪市防災アプリ」は無料のアプリです。

キーワード

防災マップづくり、防災まち歩き、GIS、GIS活用ハザードマップ作成、タブレット端末、我が家の防災マップ

第2章

災害に備える
（災害前の準備）

　災害はいつか必ずやってきます。災害が起こってから素早く適切に対応することも必要ですが、何もせずに災害を待つのではなく、災害を迎え撃つ準備も必要です。では、どのような準備が必要なのでしょうか？具体的な準備を考えるためには皆さんが暮らすまちで災害が発生したとき、自分と家族がどのような状況になるのかをイメージすることが必要です。多様な災害場面のイメージが具体化してくると、自ずと必要な準備も明らかになってきます。

　この章では、皆さんご自身の防災力を把握する方法や、多くの方が実践している食料備蓄や防災用品、そして家具や住宅の備えから避難や訓練まで、いずれも外せない災害への備えを紹介しています。災害の被害を"低減"ではなく"ゼロ"にするつもりで、災害前の準備を始めましょう。

第1話

いのちを守る力ドリル
－ わたしのいのちを守るための25項目 －

● 災害時の人間行動

　地震災害後、被災地で生き残った人たちは発災から最初の3日間、どのような行動を取ったのでしょうか。1995年兵庫県南部地震は午前5時46分の早朝に発生しました。突き上げるような激しい揺れの後、自分が生きていることを確かめ、次に家族の安否を確かめ、家の中の散乱状況をつかみました。その後、自宅を出て職場、親類、友人の安否を知るために地域を回り、救助活動を行ったのです。救助活動を行った全体の6割が家族・地域住民であったことは日常生活の家族や仲間同士のつながり、信頼関係のあかしだといえます。また、家族・知人の安否確認を早期に行うほど精神的なストレスがかからずその後、家庭、職場などで混乱が発生しにくかったそうです。

● いのちを守る力と5つの指標

　ここでは災害時の人間行動とリンクする日常生活上の防災行動について紹介します。「いのちを守る力」に必要な5つの指標「わたし、かぞく、なかま・つながり、いえ、ちいき・まち」と25項目（各5項目）で構成される「いのちを守る力ドリル」を用いて普段どの程度、防災行動を実施しているのかを自己点検・評価します。すでにWeb版が公開されており、会員登録しなくてもトライアルで簡単に自己評価できます。いまどの項目ができていないのかを視覚的にチャート化して理解することができます（写真2.2.1-1）。

写真2.2.1-1　いのちを守る力ドリル（タブレット版）

第2章

表2.2.1-1 いのちを守る力ドリル "自助"に係る防災行動の実施率（N=573）

自助	項目	実施率
わたし①	500m歩ける	98.3
ちいき③	地震火災時に避難できる公園、場所が地域にある	76.1
わたし③	食事は栄養素をバランスよくとっている	56.9
わたし②	休憩なしで10階まで階段で上ることができる	50.3
ちいき④	津波災害直後に避難する際、高い建物が地域にある	50.1
いえ②	食べ物や水を3日分用意している	40.3
いえ⑤	家に消火器、火災警報器がある	37.0
いえ③	家の中で揺れている最中でも身を守れるような安全な場所が複数ある	34.6
ちいき⑤	災害後、避難するときの安全な逃げ道をたくさん知ってい	22.7
わたし⑤	防災訓練を家や地域でしたことがある	18.9
ちいき②	家の周りに古い家が全くない	17.3
ちいき①	昔、地域でどのような災害があったかよく知っている	11.9
いえ①	室内のタンスや食器棚等の家具が倒れないように全部対策している	7.7
いえ④	住宅の壁のひび割れ、水漏れなどいつも点検している	7.5
わたし④	防災ホイッスル・懐中電灯を持ち歩いている	3.3

表2.2.1-2 いのちを守る力ドリル "共助"に係る防災行動の実施率（N=573）

共助	項目	実施率
なかま①	近所の人にあいさつしている	57.8
かぞく①	家族で一緒によくご飯を食べている	55.7
かぞく②	日中の居場所を家族全員知っている	40.7
なかま②	近所になじみのお店が複数ある	39.8
なかま③	近所で困っている人を見かけたときはいつも助ける	31.6
なかま⑤	地域の祭りや行事によく参加する	28.5
なかま④	家に友達やお客さんがよく来る	15.5
かぞく④	災害時の集合場所を家族で複数決めている	11.3
かぞく⑤	いざというときの連絡方法を複数家族で決めている	10.0
かぞく③	防災について家族でよく話し合っている	9.1

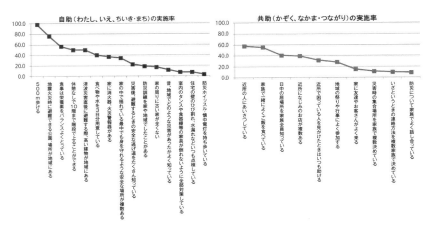

図2.2.1-1 いのちを守る力ドリルで自己点検・防災行動実施率
左図 わたし、いえ、ちいき・まち　右図 かぞく、なかま・つながり

第1話　いのちを守る力ドリル　- わたしのいのちを守るための25項目 -

● **自助・共助別防災行動実施率**

　これまでに「いのちを守る力ドリル」を使って自己点検した人たちの防災行動実施率を自助（わたし、いえ、ちいき・まち）・共助（かぞく、なかま・つながり）別で見てみましょう。自助の中で最も高い割合で実施できているのは、「500m歩ける」98.3%、「地震火災時に避難できる公園、場所が地域にある」76.1%、「食事は栄養素をバランスよく取っている」56.9%、「休憩なしで10階まで階段を上ることができる」50.3%です。全体的に、いえに係る防災行動実施率は低く、「室内のタンスや食器棚などの家具が倒れないように全部対策している」は7.7%です。最も実施率が低いのは「防災ホイッスル・懐中電灯を持ち歩いている」3.3%でした（表2.2.1-1,図2.2.1-1 左図）。一方、共助では、「近所の人にあいさつしている」57.8%、「家族で一緒によくご飯を食べている」55.7%が高い一方で、「防災について家族でよく話し合っている」9.1%と最も低い割合でした（表2.2.1-2,図2.2.1-1 右図）。

　これまでに開催されたワークショップなどで行ったアンケート結果より、年齢を問わずどの世代でも津波や火災などのリスクよりも"地震"に対して危険であると認識していることが明らかになりました。ここでは年齢や性別、リスク認知度によって防災行動の実施率が異なる項目や多くの回答者が日常生活で行動できていない項目に注目し、それらを事例として紹介します。各項目の回答は3段階方式とし、選択肢にはキーワードが含まれています。

● **自助**

■ **わたし**

　② 休憩なしで階段を上ることができますか

　　　1.10階まで　　　2.5階まで　　　3.3階まで

　　津波から身を守るためには垂直避難を要します。近くに高台がない場合、津波避難ビルやマンションなどの階段を利用して避難しましょう。この項目は1階分を約3mと見なして、30mの津波から避難できる体力があるかどうかを聞いています。自分が階段を上ることができる能力があれば、高齢者、障がい者、乳幼児その他の特に配慮を要する避難行動要支援者をサポートする立場に変わります。大阪市内のある高層マンションが林立する地域では500mlの水が入ったペットボトルを2本持って5階まで垂直避難を行う防災訓練を行った結果、個々人が普段から足腰を強くすること、上層階にも分散して備蓄品を置くことなどの取り決めを行いました。

　④ 防災用ホイッスル（非常用のふえ）や懐中電灯を持ち歩いていますか

　　　1.両方持ち歩いている　　2.片方持ち歩いている　　　3.両方持ち歩いていない

　　2016年熊本地震は夜間に発生したこと、停電によって完全な暗闇の中で救助活動が行われました。また家屋倒壊に伴う「屋内に閉じ込められた要救助者は身動きが取れず生存

コミュニティ防災の基本と実践　**89**

状況を伝えることが困難だったといわれています。閉じ込めによる救助の際、生存を遠方まで知らせるために、普段から"わたしを知らせる"常備品のホイッスル、夜間対応のために懐中電灯を携帯しておくと便利です。懐中電灯は携帯電話内の機能を利用することも可能です。防犯にも役立ちます。

■ いえ

① 室内のタンスや食器棚などの家具が倒れないようにしていますか

　　1. 全部対策をしている　　　2. 一部対策をしている　　　3. 全くしていない

　2008年岩手・宮城内陸地震では家具転倒による負傷、狭小空間内での大量の本の下敷きとなり窒息死した事例が報告されています。2016年熊本地震でも、高層階の上階ほど室内散乱、家具転倒が発生しました。在宅での避難生活継続の可否にも関わってきますので室内の安全空間、避難経路を確保できるように環境改善しましょう。

② 食べ物や水を余分に用意していますか

　　1. 3日分ある　　　2. 1日分ある　　　3. 全くない

　公的な備蓄が不足もしくは行き届かず、配給されない場合もあります。特に持病や食事制限がある場合、個別に対応した食事などが必要になります。水は3リットル/人・日が必要といわれていますが、手や顔を洗う場合はさらに必要となります。1年に1回の避難訓練のとき、非常用持ち出し袋の中身を出して、下着や靴下を干したり、食べ物を取り替えたりする、その普段の心の準備が大切ではないでしょうか。自分の必需品は何でしょうか。持病を持っている人はお薬手帳も一緒に入れておきましょう。

■ ちいき・まち

① 昔、地域でどのような災害があったかを知っていますか

　　1. よく知っている　　　2. ある程度知っている　　　3. 全く知らない

　大阪市浪速区幸町3丁目9番には嘉永7年（1854年）11月の大地震による大津波の被害の模様を記録し後世に対する戒めを伝える石碑があります。大正橋東詰（北側）にある安政2年（1855年）7月建立の安政大津波碑です。そこには大地震が起きた場合には、必ず津波が襲うものと心得るべきだと教訓が書かれています。「ちいき」に眠っている防災資源を発見し、生かす力が「ちいき・まちの力」です。災害の歴史を学び、その教訓を生かしていきましょう。

④ 津波災害直後に避難するときに高い建物が地域にありますか

　　1. 近くにある　　　2. 少し遠くにある　　　3. 全くない

　津波災害時には垂直避難を要するため高い建物が避難場所になります。複数把握しま

しょう。津波避難ビル指定の建物は増えていますが、屋内階段にアクセスできない場合も
あります。屋外階段がどこにあるのかを確認し、スムーズに避難できるようにしましょう。
居住地域はもちろん、通学・通勤中にも周囲を見渡してチェックしてみましょう。

● **共助**
■ **かぞく**

① 家族で一緒にご飯を食べていますか

    １．よくする   ２．時々する   ３．全くしない

  家族で一緒に食事をする際、避難場所、連絡方法などを話し合ってみましょう。昼間・
夜間で異なるかもしれません。さまざまな条件を付加して話し合ってみましょう。災害時
の家族の安否確認、状況把握が自らの避難行動に影響を与えます。共食することで「分
かち合い」の精神を育みます。

  独居暮らしで家族となかなか一緒にご飯を食べる機会が少ない場合でも、親戚や知
人、行きつけの飲食店で臨席した人とおしゃべりしながら、災害の話をしてもいいかもし
れません。誰かといただくご飯は会話が弾んでより美味しいですね。

⑤ いざというときの連絡方法を家族で決めていますか

    １．複数決めている   ２．１つ決めている   ３．全く決めていない

  2011年東日本大震災の被災者の証言記録から、"家族が「互いに難を逃れて避難場所
にいるんだ」と思える信頼関係がないといけない、落ち着いてから再会する、という決め
ごとをつくっておくこと"、"災害後、離ればなれになったものの家族が無事だということ
がわかり不自由なからだでも会いたいと思い、生きる力になりました。"とありました。

  非常時には音声通話がつながりません。災害用伝言ダイヤル【171】"イナイ"や携帯電
話の災害用伝言サービスを利用して安否確認を行うこともできます。普段から、家族・知
人等といざというときの連絡方法を話し合ってみましょう。

■ **なかま・つながり**

① 近所の人にあいさつしていますか

    １．よくする   ２．時々する   ３．全くしない

  地域住民同士があいさつする地域ほど、地域力（ソーシャルキャピタル）が高く、放火
や犯罪の発生件数の低下といった地域の安全・安心に与える影響高くなるといわれてい
ます。近所で努めてあいさつや声かけをする、また地域の子どもが大人にあいさつをする
工夫をこらしていくことが大切です。あなたの地域では、あいさつする声が聞こえてきま
すか。

⑤ 地域の祭りや行事に参加しますか
　　1．よく参加する　　2．時々参加する　　3．全く参加しない

　地域のお祭りや行事は公園、墓地、社寺仏閣、河川敷、庭園、大学キャンパス、各種公共住宅団地、老人ホーム、道の駅、農地、公民館などで行われ、その属性は避難時の防災・救済の役割を果たす諸施設ともいえます。またこのような場所は普段高齢者の安らぎの場であり、散歩空間になっているため健康促進の場ともいえます。共食、音楽を通して人々に安心感をもたらしコミュニティの連帯が促されます。若い人ほど参加しない傾向が見られます。地域の公園にある掲示板にいろいろな行事のお知らせが貼っていますので、情報収集してみてもよいかもしれませんね。

図2.2.1-2　いのちを守る力ドリル（Web版より）

参考資料
CERD（大阪市立大学都市防災教育センター）：いのちを守る力ドリル
✓ 25項目についての詳細はWeb上でご確認ください（図2.2.1-2）

キーワード
いのちを守る力、わたし、かぞく、なかま、つながり、いえ、ちいき・まち、自助・共助

第2話

食料備蓄を考える

　地震等の大規模な自然災害が発生し、被害が拡大した場合、道路網等の寸断等により物流は混乱し、食料供給が減少することが予想されます。また、災害発生時には食料品の需要が一時的に集中し、一部食品の品薄状態や売り切れ状態になる恐れもあります。2011年3月に発生した東日本大震災では、満足に食料を調達できたのが発災後3日目以降という地域があったり、電気、水道の復旧にも1週間から10日以上の時間を要した地域がありました。また、避難所の不足や避難所までの道路網の寸断により、自宅での避難生活を余儀なくされる可能性もあります。ここでは、いざというときに備えるため、日頃からどのような食料備蓄が必要であるかを考えてみたいと思います。

● 食料備蓄の必要量と現状

　いざというときのためには、どれくらいの食料備蓄が必要なのでしょうか。東日本大震災後に厚生労働省が立ち上げた「災害医療などのあり方に関する検討会」では備蓄食品に関して「食料・飲料水は3日間程度備蓄すべき」との方向性が示されています。また、農林水産省の策定した「緊急時に備えた家庭用食料品備蓄ガイド」においても、日頃から最低でも3日分、できれば1週間分程度の家庭での食料品の備蓄に取り組むことを推奨しています。日頃から少なくとも3日分、できれば1週間分程度は各家庭で備蓄することが望ましいと考えられます。

　食料備蓄の現状は、厚生労働省の平成23年国民健康・栄養調査において報告されています。この調査結果（図2.2.2-1）によると、災害時に備えて何らかの非常用食料を用意している世帯の割合は全国で47.4%であると報告されています。つまり、半数以上の世帯が用意をしていないということがわかりました。地域ブロック別で見ると、東海や関東Iでは60%を超えている一方で、中国、九州では30%にも満たない現状が明らかとなり、地域差があることが浮き彫りとなりました。

コミュニティ防災の基本と実践　　93

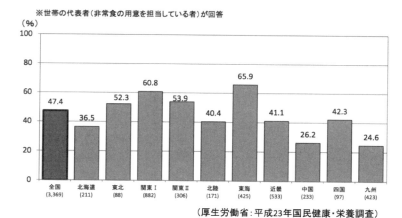

図2.2.2-1　災害時に備えて非常用食料を用意している世帯の割合(地域ブロック別)

● 何をどれだけ備蓄するか

　私たちが健康に生きるためには食事をバランスよく取ることが欠かせません。バランスのよい食事とは、たんぱく質、脂質、炭水化物、ビタミン、ミネラルの5種類の栄養素が過不足なく組み合わされた食事のことを指します。日本食の基本である主食、主菜、副菜を揃えると、自然にこれらの栄養素のバランスが取れた食事になると考えられています(図2.2.2-2)。災害時にはこれらを揃えてバランスよく食事を摂ることが常時よりも難しくなりがちです。食料備蓄を考える際には、その種類と内容、栄養バランスを考慮して準備しておくことが大切です。

図2.2.2-2　バランスの取れた食料備蓄とするために

　日本人の食事摂取基準(2015年版)によると、摂取エネルギー量の適正なエネルギー産生栄養素バランス(%エネルギー)は、たんぱく質13〜20%、脂質20〜30%、炭水化物50〜65%であるとされています。主食に相当する米やパン、クラッカーなどは主に炭水化物の供給源であり、水だけあれば加熱しなくても食べられるアルファ化米や、そのまま食べられるパック入

りご飯、乾パンなどがあります。主菜に相当する肉や魚の缶詰やレトルトパックは主にたんぱく質の供給源となります。野菜の煮付けや豆類等の缶詰やレトルトパックは副菜に相当し、野菜ジュースも上手に組み合わせれば、ビタミンやミネラルの供給源となります。

18歳以上の成人に必要なエネルギーは1人1日当たり1,800～2,200kcal程度となっています。このエネルギー量を満たすバランスの取れた備蓄食品の例を表2.2.2-1に示します。

表2.2.2-1　準備しておきたい備蓄食品の例示

食品	1人 1日分	4人家族 7日分	一般的な 賞味期限	参考
ごはん (パック入り、アルファ化米)	3食分	84食分	1年	必要に応じ、おかゆなども準備しておく
乾パン	1袋	28袋	1年	缶入りのものは賞味期限が長い（5年程度）
缶詰	3缶	84缶	3年	魚介類、肉類、炊き合わせなど缶切りが不要なタイプのものが便利
インスタント食品 レトルト食品 (カレーなど)	1袋	28袋	1年	常温保存の可能なものが便利レトルトカレーでは加熱しなくても食べられるものもある
野菜ジュース (缶入り)	3缶 (200ml)	84缶	3年	紙パック入りのものの賞味期限は9ヶ月程度
みそ汁・スープ類 (粉末)	2食分	56食分	1年	生みそタイプのものは賞味期限が短い
ビスケット	1袋	28袋	1年	缶入りのものは賞味期限が長い（5年程度）
キャラメル・飴・チョコレート	1缶	28缶	1年	缶入りのものは賞味期限が長い（5年程度）エネルギーの不足を補う
水	3リットル	84リットル	1年	長期保存タイプのものも市販されている

（1人1日　1800～2200kcalを想定した場合）

また、生命を維持するためには、飲料水の確保にも注意する必要があります。年齢や性別、体格などで個人差はありますが、一般的に、成人1人1日当たりおよそ1.5～2リットルは最低限必要であるといわれており、調理や最小限度の洗浄などに使用する分を合わせると、3リットルの備蓄が推奨されています。つまり、1人、1週間分の水の備蓄量は21リットルであり、2リットル入りのペットボトルでは約11本の準備が必要となります（図2.2.2-3）。

3リットル×7日＝21リットル
2リットル入りのペットボトルならば、11本分が必要

図2.2.2-3　飲料水は1人1日3リットル必要

● 備蓄食品の賞味期限とローリングストック法の活用

　食料を備蓄する際には、賞味期限に留意しなければいけません。備蓄用食品として販売されている商品の賞味期限は5〜7年のものが大半ですが、中には25年と長いものもあります。賞味期限の長い食品は、商品としても高値であることが多いため、日頃から使用する比較的安価な食品を備蓄食品として活用することも重要になります。

　ローリングストック法とは、日常的に非常食を食べ、食べたら買い足すという行為を繰り返すことで、常に非常食を備えることができるという考えで、内閣府が広報し、推奨している方法です。すなわち、日常的に使用している保存性の高い食品、たとえば、乾物、缶詰、レトルト食品を一定量ストックしながら、賞味期限までに順次消費し、買い足していく方法です（図2.2.2-4）。

　この方法を活用することで、無駄なく一定量を備蓄し続けることが可能になります。各家庭の日頃の使用状況や好みに合わせて、栄養バランス等も考慮しながら、備蓄食品を準備することが望ましいと考えられます。

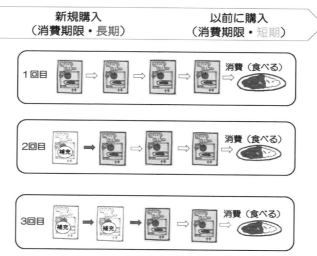

図2.2.2-4　ローリングストック法（レトルトカレーの場合）

● 乳幼児、高齢者、有病者等に対する配慮

　備蓄食料は一般健常者を想定する場合が多いですが、特別な配慮を必要とする乳幼児や高齢者、有病者等に対する配慮も検討しておく必要があります。乳幼児のいる家庭では育児用ミルクとその調整に必要な飲料水、離乳食や必要に応じてアレルギー対応食の確保も求められます。また、疾病に伴う治療食や流動食、嚥下困難者へ対応するためのとろみ剤や嚥下食等が求められます。これらの食品は大規模災害時には特に入手が困難となりますので、日

頃から積極的に対応することが必要となります。

避難生活が長期化すると、炭水化物に偏りがちな食事では、糖尿病患者は血糖値が上昇しやすく、加工食品の多用による食塩過多によって、心疾患や腎疾患の患者では病態の悪化につながりやすくなります。減塩タイプの備蓄食品の確保や、たんぱく質量等の提供内容の確認が必要となる場合も考えられます。

● 調理に伴う必要物品の準備

備蓄食品にはそのまま食べられるものもありますが、中には加熱・調理をしないと食べられないものもあります。そのため、備蓄食品と合わせて必要な火力（カセットコンロ等）や調理器具（鍋、包丁、まな板等）、食器（箸、スプーン、フォーク、皿、マグカップ等）なども合わせて準備しておくことが望まれます。また、断水等の影響により、食器の洗浄が難しい場合が考えられます。ラップ、アルミホイル、紙コップ、割り箸など、使い捨てができる便利なストック品を余分に用意しておくと、災害時には水の節約などにもつながります。

参考資料

厚生労働省：平成23年国民健康・栄養調査結果

厚生労働省：日本人の食事摂取基準(2015年版)

農林水産省：緊急時に備えた家庭用食料品備蓄ガイド　農林水産省編　p1-6 2013

内閣府ホームページ

由田克士：「災害時を想定した食料備蓄を考える」公立大学法人防災センター連携　地区防災教室ワークブック p44-47（2016）

キーワード

食料備蓄、栄養バランス、ローリングストック法

第3話

室内を点検する

　人にとって室内空間は多くの時間を過ごす場所でもあり、快適であるだけではなく、安全で安心できる場所でなくてはなりません。室内空間を住みやすく工夫することは、住宅の誕生より古いとされています。洞窟などで暮らしていた時代から人類は装飾をしたり、道具を使ったりして室内空間を暮らしやすいものにしてきました。住宅が登場し、多くの人が住宅で暮らすようになると、室内には各種設備・機器や家具が配置され、多様な建材・建具が使用されるようになり、人類は快適で利便性の高い生活を過ごすことができるようになりました。しかしながら、災害時を考えると日常時には生活を支えてくれるこれらの設備や家具が凶器となり人を傷つける可能性があります。自らが暮らす室に目を向け、災害時に安全な室内空間を考えましょう。

● 災害時の室内被害

　災害の中でも特に地震時は室内被害が多く発生します。被害を引き起こすものは、家具、家電、建材、物品、危険物などであり、これらが地震動によって転倒あるいは落下し、室内の人に接触します。加えて、やや形態は異なるものの震動により出入り口が開放できなくなり閉じ込められたり、転倒によって負傷したりすることもあります。

　都市直下型地震である1995年阪神・淡路大震災では家屋倒壊による被害が多かったものの、家具転倒や落下物による死傷者が発生しています。また、家屋倒壊に至らないような比較的軽微な地震においても室内被害は発生しています。さらに今後発生が懸念される南海トラフ巨大地震に関して、津波による被害に加えて、室内被害への関心も非常に高まっています。南海トラフ巨大地震によって倒壊する建物も一定数は発生すると想定されますが、比較的最近に建築された耐震性の高い建物では倒壊に至るケースは少ないとされています。しかしながらこのような建物でも倒壊に至らないとはいえ室内被害は発生します。特に南海トラフ巨

コミュニティ防災の基本と実践　　**99**

大地震のような長周期・大振幅の地震動を伴う地震では、建物の固有周期の関係で高層建物の上層階で揺れが大きくなります。高層建物で建物自体は頑丈でも大きく揺れることによって、室内の家具が転倒しやすくなったり、壁や天井の建材が落下したりする可能性が、低層の住宅より高くなります。南海トラフ巨大地震対策として、津波対策に並行してこのような室内被害対策の推進も重要視されています。

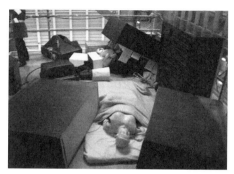

写真2.2.3-1　高層住宅での地震時の家具転倒実験

● **室内の点検**

　住宅内の室は居室とそれ以外に分けられます。居室は継続して使用する室で、使用形態によって一概にはいえないものの、一般的には多くの時間を過ごす寝室やリビングなどが該当します。一方、浴室や台所は一時的な使用が主で居室ではありません。住宅内で多くの時間を過ごす居室の安全性確保が最優先といえますので重点的に見ていきたいと思います。寝室は特に重要で1日の3分の1から4分の1の時間を過ごしますし、就寝中は人が最も無防備な時間でもあります。実際、阪神・淡路大震災は午前5時46分に発生し多くの犠牲者が就寝中であったということで、寝室を主にイメージしてください。

　居室の点検では、まずは室内の使い方を確認します。被害を及ぼす影響のある物品の位置と居住者が普段どの位置にいることが多いかを確認します。次に、物品を点検します。家具・家電などに関しては大きさ、内容物、素材、配置、転倒防止対策などを点検しましょう。複数方向への転倒を想定し、大きさを考慮して転倒した際に居住者に影響が及ぶかを確認します。家具の大きさによっても転倒リスクは異なり、阪神・淡路大震災の調査では固定がない場合は高さ180cm以上となると負傷原因となることが多いと判明しています。内容物に関しては多様と思いますが、たとえばタンスに目一杯の服を詰め込んだ場合、計100kg近くになることもあります。重量物はできるだけ下部に入れた方が転倒しにくくなります。タンスや棚の上に物が置かれていないかも確認しましょう。素材に関しては木製品や金属製品などがあります

が、素材の種類、厚み、接合方法などによって一概にはいえません。また、開放型の家具なのか、あるいは扉付きなのか、扉は開放防止器具が付いているかでも被害の様相は変わってきます。内容物の散乱を防ぐという意味では扉付きで開放防止器具付きの家具が望ましいですが、たとえば開放型の本棚では転倒の際に内容物である本が落下し、それが緩衝材となり人体への影響を軽減することも確認されています。しかも内容物が減っているので重量も軽減されます。このように一口に家具の転倒といっても多様なパターンがあります。実際の災害時を想定して具体的な対策を検討しましょう（図2.2.3-1）。

　家具・家電などの転倒防止対策にはいくつか方法がありますが、金具を使って壁にしっかりと固定することが最も効果的で、複数の方法を組み合わせるとさらに効果が高いです。位置によって壁に固定できない場合は複数の家具を密着して置いてお互いが支えあうようにする方法もあります。もちろん、家具は造り付けのものにして、転倒する可能性のある据え置き型の家具・家電などは極力用いないことが最善であるのはいうまでもありません。

　壁や天井の部材が震動で破損し落下してくることもあります。室内高の限られた住宅では大きな被害を及ぼすことは少ないですが、避難経路を塞いだり、けがの原因となったりして迅速な避難を阻害する可能性はあります。住宅の構造をよく理解し、どのような建材が用いられているのかを確認しましょう。

　同じ家具が転倒しても、その下敷きになるのが子どもや高齢者の場合と、それ以外の場合では被害が異なります。一般的に体重に反比例して下敷きになったときのリスクは低下します。子どもや高齢者が生活する居室についてはより注意を払い対策を立てましょう。

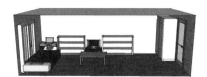 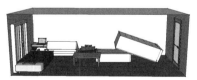

図2.2.3-1　家具転倒シミュレーション結果

室内点検の進め方
◇ **普段使用する室の使い方を確認しましょう**
　長い時間滞在する室を中心に家具・家電などの配置・サイズと人が過ごす場所の関係を図面に書いてみましょう。
◇ **家具・家電などの詳細を確認しましょう**
　材料、内容物、素材、転倒防止などの状況を確認しましょう。内容物を詰めすぎると重くなるので適量にしましょう。重量物はできるだけ下部に入れましょう。

第2章

◇ 避難経路を確認しましょう

　家具の転倒、ガラスの破損などを想定して屋外へ脱出するための安全な避難経路を確認しましょう。地震が発生した瞬間には室の中でなるべく家具などが倒れてこない場所（安全スペース）へすぐに避難しましょう。

参考資料

NHK：そなえる防災「誰にでもすぐできる家具転倒防止対策」

大阪府：室内の安全のためにしておくこと

キーワード

転倒防止、家具固定、避難経路

第4話

家屋を点検する

　人類社会が誕生し、同時に地震や津波による災害が誕生しました。災害とは人が暮らす社会の被害ですが、初期の災害では家屋被害は限定的であったと考えられます。なぜなら、初期の人類は自然を利用し洞窟などに住んでいましたので、家屋と呼べるようなものがなかったのです。その後、動物の骨や皮を利用した家屋をつくり、さらにレンガなどが考案され家屋の様相も変化してきました。わが国でも竪穴式住居のような植物などを利用した家屋が誕生しました。このような家屋が発明され人類の生活が飛躍的に進化すると同時に、地震などによる家屋倒壊が発生するようになりました。そして、現代では地震被害の典型となった家屋倒壊による人的被害が発生するようになりました。安全で快適な生活を手に入れるためにつくられた家屋によって、人が亡くなってしまうという現実を直視しなければなりません。しかしながら、家屋は人がつくったものだからこそ人が対策を立てられるはずです。家屋を点検し、家屋倒壊から身を守る方法を考えましょう。

● 災害時の家屋被害

　地震時の家屋倒壊は報道でもよく目にするため典型的な被害として認知されています。内陸直下型地震による1995年阪神・淡路大震災でも犠牲者のほとんどは倒壊した家屋の下敷きとなって亡くなっています。一方、2011年東日本大震災のようなプレート境界型地震による災害では家屋が津波にのみ込まれる映像が記憶にある方も多いと思いますが、犠牲者のほとんどは溺死であり、家屋倒壊に伴う犠牲は多くありませんでした。では、発生が懸念されるプレート境界型の南海トラフ巨大地震も東日本大震災と同様なのかといわれるとそうとも限りません。地震による強烈な揺れが発生し家屋が倒壊するかもしれません。倒壊した家屋では居住者が閉じ込められ救助が必要ですが、地震から一定時間が経過すると津波が到達します。さらに倒壊した家屋から出火しているかもしれません。内陸型地震かプレート境界型

コミュニティ防災の基本と実践　**103**

第2章

地震かにかかわらず家屋倒壊対策は地震対策の柱であることは間違いありません。

　防災の一番の目的は人的被害をなくすことです。そのためには災害時の人的被害の典型である家屋倒壊による人的被害の詳細を見ていく必要があります。阪神・淡路大震災では災害発生直後の被害である、いわゆる直接死で5,502人の方が亡くなりました。阪神・淡路大震災は当時では戦後最大の人的被害の震災であり、神戸市を中心とした都市を襲った震災でもあり、多くの家屋が倒壊しました。家屋の下敷きとなって亡くなった方が多かったのはいうまでもありません。災害で亡くなられた方に関しては警察による検視、監察医による検案が行われ、亡くなられた原因や状況が記録されています。この記録の分析から、以下のような典型的な死亡形態が明らかになっています。

- ・地震発生直後の短時間に亡くなっていた
- ・胸部・胸腹部を圧迫されて亡くなっていた
- ・圧迫されて呼吸困難になり亡くなっていた
- ・全壊の家屋で亡くなっていた
- ・家屋の下敷きになって亡くなっていた

　以上の結果より、まずは壊れない住宅に住むということが最重要ということがわかります。高齢者や子どもを除く成人の場合、家具単体で負傷はしても死に至ることは多くないと考えられます。家具転倒防止策以上に家屋の耐震化が必要といえます。次に地震時にリスクの高い身体部位は胸部・胸腹部ということです。阪神・淡路大震災が午前5時46分の発生で犠牲者の多くが就寝中であったため、就寝姿勢のまま家屋の下敷きになったと考えられます。地震時に頭部を守る行動は有名ですが、表面面積でいうと胸部・胸腹部は頭部より広いため、より被害を受けやすくなります。この胸部・胸腹部を圧迫されると呼吸運動が阻害され、死に至ると考えられています。住宅部材が落下してきて頭部にあたり挫傷などで亡くなるケース以上に面積の広い胸部・胸腹部を住宅部材で挟まれ死に至ったケースが多いといえます。今回の分析データには含まれませんが、被災した階の違いも大きいといわれています。全壊家屋の典型的な壊れ方は1階部分のみが層崩壊を起こし、2階部分は比較的原型を保っていました。1階の生存空間はかなり限られていたことがわかります。また、救出には2階床・1階天井の順で破壊し、2階床梁の切断なども必要であったと考えられ、時間と労力を要しました。

第4話　家屋を点検する

写真2.2.4-1　2016年熊本地震で倒壊した家屋（熊本県南阿蘇村にて）

● **家屋の点検**

　災害時の家屋倒壊による人的被害の記録の分析から典型的な死亡形態が明らかになりました。災害対策において災害時の状況を具体的にイメージできる力を養うことが第一歩であり、イメージした上で具体的な必要とされる対策を各自が立案する必要があります。

　わが国は新築住宅への希望が極端に高く、総住宅数が世帯数を上回っているにもかかわらず新規着工が続いています。耐震性に優れた新しい住宅が供給されるということはよいことと捉えられますが、一方で中古住宅の流通が少ないということは、住宅の維持管理への関心が低いともいえます。住宅は当然年を経るごとに劣化しますので、適宜状態を把握して修理・メンテナンスを行わなければ新築時の耐震性も維持できません。お住まいの家屋の築年数、構造、地盤の状況、リフォーム履歴などはきっちりと把握しておきましょう。特にいわゆる新耐震基準以前の家屋（1981年以前建築）は耐震性が不十分である可能性が高いので、耐震診断を受け、耐震補強を実施しましょう。また、基準以降の家屋であっても、維持管理が不適切で蟻害や雨漏りが発生している可能性もありますし、リフォームによって設計時と間取りや重量バランスが大きく変わり、新築時の耐震性が維持できていない可能性もあります。行政機関からの補助がある場合もあるので、専門家と相談することが必須です。

第2章

家屋点検の進め方

◇ 家屋の築年数、構造、メンテナンス状況を確認しましょう

　家屋は時には居住者のいのちを奪います。持家、借家にかかわらず居住している家屋に対して関心を持ちましょう。持家で設計図を保管していればそれを確認し、賃貸住宅などの場合は不動産業者や管理会社に頼めば設計図を入手することができます。建築されて何年の建物なのか、構造はどのようなものなのか、適切なメンテナンスが行われているのかを確認しましょう。万が一、図面が入手できない、図面と現状の建物が大きく違っている場合などは行政機関や建築の専門家に相談しましょう。

◇ 家屋に不具合がないか点検しましょう

　家屋の内外を点検し、ひび割れ、雨漏り、設備、建具、傾斜、蟻害、地盤の状況などを点検しましょう。中古住宅や賃貸住宅では補修の後や、後付けの部材などがないか点検しましょう。居住者ができる範囲での家屋の点検・補修は定期的に実施し、適宜専門家に点検・補修を依頼しましょう。

◇ 耐震診断を受けましょう

　新耐震基準以前の建物は特に耐震性が不十分な可能性がありますので、行政機関等の窓口で相談し、耐震診断を受けましょう。耐震性が劣ると判断された場合は耐震補強工事を実施しましょう。屋根の葺き替え、壁の強化、基礎の強化、接合金物の追加などが行われます。もちろん、新しい家屋でも適宜診断を受けておくことは安心につながります。また、過去に家屋の倒壊に至らなくても地震被害のあった地域では家屋の耐震性が設計時より低下している可能性があります。行政機関や建築の専門家に相談しましょう。

参考資料

政府広報オンライン：住宅・建築物の耐震化のススメ

耐震支援ポータルサイト：誰でもできるわが家の耐震診断

住宅金融普及協会：「住まいの管理手帳」フォローアップコーナー

キーワード

家屋倒壊、耐震補強、メンテナンス

第5話

避難に必要な体力を養う

　各種メディアでは、日常的に世界各地で発生した災害について、数多く報道しています。災害大国日本では、暴風、豪雨、豪雪、洪水、高潮、地震、津波、噴火などの異常な自然現象が、私たちの生活にさまざまな被害をもたらしています。一方で、私たちはそれらがどれほど身近なことと意識しているでしょうか。災害は予期せず私たちの身に降りかかってきます。従って、とっさに避難行動を取るためには日頃の準備が重要となります。避難場所、経路、方法、自分一人で避難するのか、あるいは誰かと同行するのかなど、個々人の置かれている状況をあらかじめ想定し、それらに対応できるようにしておく必要があります。ここでは、特に避難行動を取るための基礎となる「体力」について、過去の避難状況を1つのモデルとして評価した、若年者、高齢者、要支援・要介護者の筋肉量、推定最大筋力、体重支持指数や避難時間から避難行動に必要な体力を示し、そのトレーニング方法について紹介します。

● 避難するためにはどのような体力が必要か

　日本では古くから地震被害に悩まされてきました。近年においても1995年兵庫県南部地震（阪神・淡路大震災）、2011年東北地方太平洋沖地震（東日本大震災）、2016年熊本地震等の震災による甚大な被害がもたらされています。さらに政府地震調査研究推進本部は、南海トラフを震源域とする巨大地震の発生確率を「30年以内に70％程度」と推定しており、近い将来、高確率で大災害が発生する可能性のあることを示しています。この場合、沿岸部は大規模な津波の危険にさらされることとなり、津波が来襲するまでに避難することが生死を分ける大きな境であるといえます。地震が発生してから津波が来襲するまでの時間は、地震の発生場所や規模などによって異なり、また、余震による被災の危険があるにせよ、早く避難するに越したことはないといえます。ちなみに、私たちの調査結果から東日本大震災で救命できた人の73％は、5分以内に避難していたことがわかっています。歩行の困難な人、乳幼児を伴う人、か

コミュニティ防災の基本と実践　**107**

らだに障害のある人の歩行速度(0.5m/秒)を考慮し、5分間に移動できる距離を試算すると150mとなります。また、大阪市危機管理室が作成した「市民防災マニュアル」によると、津波から身を守るためにはビル3階以上へ垂直避難することと示されています。これらのことから、水平避難150m、ビル3階以上への垂直避難が、地域にもよりますが津波襲来時の1つの推奨避難モデルとして挙げられます。

次に避難に必要な体力について考えますが、その前にまず「体力」についてその定義を確認しましょう。「体力」は大きく2つの要素に分けられています(図2.2.5-1)。それは身体的要素と精神的要素であり、さらに、それぞれ行動体力と防衛体力とに分類されています。

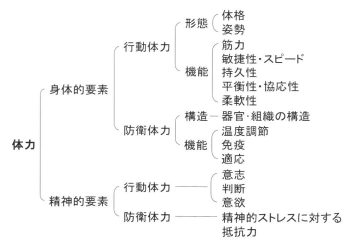

図2.2.5-1 体力の分類(生理学大系(第9巻)体力論,適応協関の生理学をもとに作成)

行動体力は外界へ働きかける活動力を示し、生産性を定量化しているともいえます。他方、防衛体力は外界からのストレスに対して内部環境を維持する能力を示しており、言わば生存性を定量化しているといえます。しかし一般的には、「体力」は行動体力を指し、具体的には、身長や体重などの体格、そして筋力、敏捷性・スピード、持久性、平衡性・協応性、柔軟性からなる機能を指します。前者を評価するのが身体計測であり、後者を評価するのが体力測定となります。大地震が発生し、津波来襲の恐れがある場合には、速やかに高台へ避難する必要があります。この一次避難に要する体力こそ行動体力なのです。そこで、私たちは、若年者、高齢者、要支援・要介護者の3つのグループを対象に、津波からの避難を想定した150mの水平移動、ビル3階に相当する8.5mの垂直避難(階段上り)にかかる時間について測定しました。ちなみに、測定では走らずにできるだけ早く歩いて避難をしています。すると、言わずもが

な要支援・要介護者＞高齢者＞若年者の順に時間がかかっていることがわかります（図2.2.5-2A）。しかし、若年者も高齢者も避難時間に大きな差がないことから、支援や介護の必要ないレベルの体力があれば、高齢者も若年者と同じように避難できることがわかります。次に、高精度インピーダンス方式体組成計を用いて下肢筋肉量を測定し、そこから大腿部の膝伸展筋力を推定しました。さらに、体重に対する膝伸展筋力の割合から体重支持指数を求めました。これは、たとえば膝伸展筋力が50kg、体重が60kgの場合、50kg÷60kg＝0.83となります。この体重支持指数と避難時間との関係を見ると、体重支持指数が低い人ほど避難時間がかかる負の相関関係にあることがわかります（図2.2.5-2B）。このことから、避難に必要な体力は、移動動作に重要で自重を支えることのできる下肢の筋力、特に大腿部の筋力であるといえます。ちなみに体重支持指数は0.6以下になると転倒やつまずきの危険性が高まり、0.6～0.8が一般生活レベル、0.8～1.2はスポーツ活動レベル、1.2以上になるとアスリートレベルと定義されています。

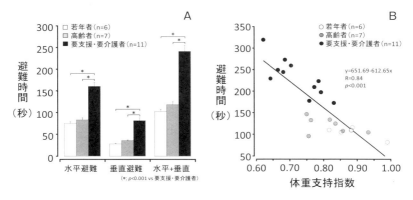

図2.2.5-2　若年者、高齢者、要支援・要介護者における水平及び垂直避難時間(A)と体重支持指数と避難時間との関係(B)（著者ら未発表データ）

● 下肢筋肉量は加齢に伴い低下する

　図2.2.5-3は、男女別年齢に伴う下肢筋肉量の変化を示しています。ご覧の通り20歳から低下の一途をたどっていることがわかります。さらに、20歳時から80歳時の筋肉量の減少率は、下肢において最も大きいことがわかります（表2.2.5-1）。身体（筋肉）の機能は、適度に使うと発達し、使わなければ萎縮（退化）し、過度に使えば障害を起こすという大原則があります。下肢筋肉量が大きく減少する原因は、加齢に伴う身体活動量の低下と示唆されているものの、その詳細は未だ明らかとなっていません。しかし、高齢期では下肢筋力を主に必要とする歩行や階段昇降などの移動能力が他の機能よりも先行して障害されること[2]を考慮すると、

移動能力が低下する要因は下肢筋肉量の減少であることを裏付けていると考えられます。現在、日本は高齢化率27.3%の超高齢社会です。これに伴い運動器の障害も増加しており、特に50歳以降で入院して治療が必要となる運動器障害が多発しています[3]。これは多くの人にとって健康な運動器を維持することが難しいことを示しています。

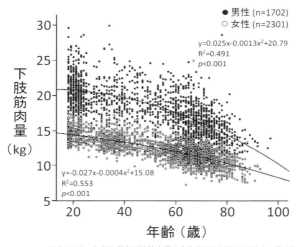

図2.2.5-3 　年齢に伴う下肢筋肉量の変化（引用文献３）をもとに作成

表2.2.5-1 　回帰式による20歳時と80歳時の推定筋肉量（引用文献１）をもとに作成

		上肢(kg)	下肢(kg)	体幹部(kg)	全身(kg)
男性	20歳時	5.5	20.7	26.1	52.3
	80歳時	4.6	14.3	24.6	43.5
	減少率(%)	16.4	30.9	5.7	16.8
女性	20歳時	3.3	14.4	18.6	36.3
	80歳時	3.2	10.3	18.8	32.3
	減少率(%)	3.0	28.5	-1.0	11.0

● **超高齢社会における体力の概念**

　公益社団法人日本整形外科学会では、運動器（筋肉、関節、軟骨、骨やそれらを制御する神経系）の障害による移動機能の低下した状態を表す言葉としてロコモティブシンドローム（Locomotive syndrome）（以下「ロコモ」）を提唱し、日本語訳では運動器症候群としました。現在、日本人の平均寿命は、2016年において女性87.14歳、男性80.98歳であり、いずれも世界第2位で過去最高を更新し続けています。また高齢者人口の割合も右肩上がりで上昇し

第5話　避難に必要な体力を養う

ています。これらのことから、ロコモになる人の数は、今後ますます多くなることが予想されます。また、一般社団法人日本老年医学会は、健常な状態から要介護状態に移行する中間的な段階"Frailty"の日本語訳として、フレイルという言葉を新たに提唱しました。これは、従来、虚弱と訳されていた概念で、加齢に伴う身体機能の低下を不可避的と捉える老衰に対して、フレイルは適切な介入があれば加齢に伴う身体機能の低下は改善し要介護状態になることが予防でき、健常な状態に戻ることができる可逆性を有していることを意味しています。フレイルは、身体的、精神・心理的、社会的要素からなります。このうち、身体的フレイルの主な原因として、加齢に伴う骨格筋量の減少とそれに伴う筋力、身体機能の低下を示すサルコペニアの関与が注目されています。

　ロコモ、フレイル、サルコペニアは、超高齢社会を世界の先駆けとして走る日本において、今後危惧される諸問題に警鐘を鳴らすことを目的につくられた言葉といえます。

体力維持のための下肢筋力の評価・トレーニング方法

　第一義的には、歩くこと、場合によっては走ることが可能で、自ら避難できる脚力を常日頃より養っておくことが、各人のなすべき災害に対する準備であるといえます。歩く、走るといった移動機能は加齢に伴い衰えていくため、なかなか気付きにくいかもしれませんが、よくよく自身の生活状況を振り返ってみると、それに気付けることがあります。たとえば、片足立ちで靴下がはけない、家の中でつまずいたりすべったりする、階段を上がるのに手すりが必要である、家のやや重い仕事が困難である、2kg程度の買い物をして持ち帰るのが困難である、15分くらい続けて歩くことができない、横断歩道を青信号で渡りきれないなど、これらの状態に該当する場合は要注意です。その他にも両足あるいは片足による立ち上がりテストや2ステップテスト（できる限り大股で2歩歩いた際の歩幅）などの簡単なテストで自身のロコモ度を知ることができます。

　実は日常生活の中でも下肢、特に大腿部の筋肉を鍛えるような動作はたくさんあります。日常生活の中でその動作を意識的に行えば筋力を鍛えられます。通常、筋力は5〜10回ほど繰り返し可能な比較的に負荷の高い運動によって鍛えられます。また、避難体力という観点からは、負荷の低い運動を継続する能力、すなわち、筋持久力も重要です。たとえば、いすからの立ち上がり動作（1日に5回繰り返す）を用いたトレーニングによって、筋力に加えて筋持久力も増大することが認められています[4]。このようなトレーニングは日常のちょっとした隙間時間でも十分に取り組むことが可能です。下肢筋力を積極的に強化するために「スクワット」を深呼吸するペースで5〜6回繰り返し、1日3回、これに加えて、バランス能力を強化するために「片脚立ち」を左右1分間ずつ1日3回行うことが推奨されています。

コミュニティ防災の基本と実践　**111**

第2章

参考資料

猪飼道夫他：「体力論, 適応協関の生理学, 生理学大系〈第9巻〉」, 医学書院. 721-780, 1970.

内閣府 ： 平成29年版高齢社会白書（全体版）

公益社団法人日本整形外科学会 ： 新概念「ロコモティブシンドローム（運動器症候群）」、ロコモティブシンドローム（ロコモパンフレット2015年度版）

厚生労働省 ： 平成28年簡易生命表の概況「平均寿命の国際比較」

総務省統計局統計 ： 高齢者の人口「高齢者人口及び割合の推移」

キーワード

体力、下肢筋肉量、超高齢社会、ロコモティブシンドローム、フレイル・トレーニング

引用文献

1）谷本芳美他 ： 日本人筋肉量の加齢による特徴, 日本老年医学会雑誌, 47:52-57, 2010

2）七田恵子他 ： 施設老人の日常生活機能と身体状況の関連, 社会老年学, 16:50-60, 1982.

3）Kadono Y, Yasunaga H, Horiguchi H, Hashimoto H, Matsuda S, Tanaka S, et al: Statistics for orthopedic surgery 2006-2007 ： data from the Japanese Diagnosis Procedure Combination database, J Ortop Sci., 15:162-170, 2010

4）西本勝夫他：「椅子からの立ち上がり動作」を用いた訓練効果の検討　後期高齢女性の下肢筋機能、重心動揺および歩行能力への影響, 理学療法科学, 14:181-187, 1999

第6話

防災用品を知る

　石器、土器、羅針盤からコンピュータまで、人類は多様な道具をつくり、それを活用して進化してきました。もし、これらの道具が発明されていなかったら、今日のわれわれの生活は大きく異なるものであったかもしれません。防災においても古来より人類は多様な道具（用品）を実用化し、それを活用することにより、災害対応力を向上させてきました。近年、災害時の自助・共助の役割が大きくなる中、災害対応の専門家のみならず、一般市民も防災用品を準備し災害時に活用することが求められています。防災用品には「非常持出品」、「非常備蓄品」、「防災準備品」の3種があります。自宅や家族、地域や自主防災組織の状況に応じてバランスよく防災用品を準備するとともに、災害時には防災用品を最大限活用し、被害を減少させましょう。

● **防災用品の役割**

　防災対策として多くの人は多少の防災用品を準備していると思います。食料や飲料水、ヘルメットや寝袋は防災用途以外にも使えるので多くの家庭や事業所で備えられているのではないでしょうか。

　災害時の状況をいかに具体的にイメージし、災害発生から時系列に、どのような用品があれば、どのように対応できるのかを理解することが必要です。

● **防災用品の種類**

　防災用品には「非常持出品」、「非常備蓄品」、「防災準備品」の3種があります。

　非常持出品は、発災後、自宅などから避難するときに最初に持ち出すものになります。食料として乾パンや缶詰、缶やペットボトルに入った飲料水、懐中電灯、軍手、救急セットなどが該当します。普段より非常持出袋などに入れて準備している方も多いと思います。

　非常備蓄品は発災後、災害救援の体制が整うまでの3日間程度の期間に自足できるように

コミュニティ防災の基本と実践　113

備える物です。非常持出品と同じく、食料としては乾パンや缶詰に加えて簡単な調理が必要となるアルファ化米なども含まれます。飲料水は2リットルのものでもよいでしょう。衣類や下着類、調理のためのカセットコンロやガス、多様に使えるブルーシートやタオル、懐中電灯やラジオのための乾電池などが該当します。住宅内の収納スペースや物置に備蓄している方も多いと思います。

防災準備品は発災直後の火災や家屋倒壊などに備える物になります。ハンマー、スコップ、バール、のこぎり、ロープ、消火器、バケツなどになります。大規模災害時は消防や警察の到着には時間がかかることが予想されるため、初期消火や倒壊家屋からの救出において市民の役割は非常に大きいと考えられます。非常持出品や非常備蓄品と比較すると防災準備品を備えている方は必ずしも多くありません。しかしながら、災害時にはまずはいのちを守ることが重要です。亡くなってしまっては、非常持出品も非常備蓄品も役に立ちません。発災時、発災直後、避難行動、それぞれにおいてどのようなものが必要かを時系列で考え、自らの家庭や事業所だけでなく、周辺の人とも助け合うことを想定した防災用品を準備しましょう。

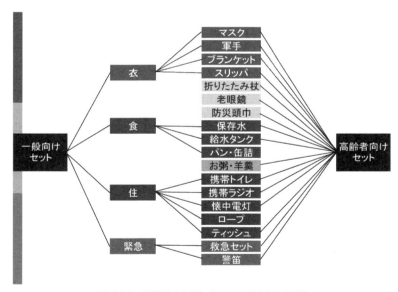

図2.2.6-1　防災用品の分類（一般向けと高齢者向けの比較）

第6話 防災用品を知る

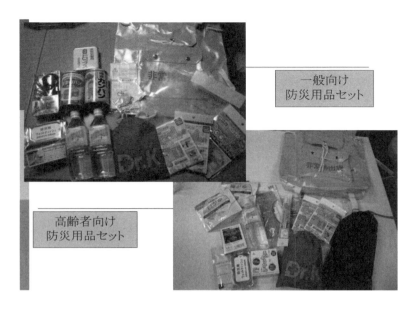

図2.2.6-2 市販の防災用品の内容物(一般向けと高齢者向けの比較)

● 防災用品の準備

　まずは情報を収集し、どのような防災用品があるのかを知ることが必要です。防災に関する書籍、インターネット、行政などのイベントで情報は入手できます。ただし、防災用品として使えるものは防災用品として販売されているものばかりではありません。汎用品であっても少しの工夫で防災用品として使えるもの、防災以外にもさまざまな場面で使えるものなど、特に防災用品として購入、入手するものばかりではありません。

　随時、目に付いた防災用品を購入、入手して準備する方法でもよいのですが、やはり自宅の状況、近隣の状況、家族構成などを考慮して、必要な物、量を想定し計画的に準備する方が理想的です。自宅の築年数や家具の配置状況、密集市街地で火災延焼の可能性はないのか、家族の中に災害時要配慮者はいないか、などによって必要な防災用品も変わってくるでしょう。特に非常備蓄品を考えるときには、家族の状況も踏まえ、学校などの避難所で生活するのか、あるいは自宅避難を継続するのかによっても備蓄の種類や分量も変わってくるでしょう。たとえば、家族の中に高齢者がいらっしゃれば、老眼鏡や食べやすい羊羹、折りたたみ杖などを加えてもよいでしょう。もちろん、持病があれば常備薬も必要です。近年は住宅の耐震化に伴い、プライバシーの確保しにくい避難所より自宅で避難する方も多いです。自宅で1週間、あるいはそれ以上避難するときに何が必要になるのか、家族で話し合ってみてもよいでしょう。

コミュニティ防災の基本と実践　115

想定すべき備蓄の期間は、災害支援が始まるまでの期間としておおむね3日間が提唱されています。しかしながら、南海トラフ巨大地震など広範囲に甚大な被害を及ぼす災害が懸念されている中で、3日間ではなく1週間を目安にという流れに変わってきています。災害が起きてみないとこの期間はわかりません。あらゆる可能性を想定して、できる限り備蓄しておくのが望ましいでしょう。

　防災準備品は多くの地域では自主防災組織が備蓄し、防災倉庫などに収納しているケースが多いと思われます。しかしながら、防災準備品は多く準備しておけば、その分多くの人のいのちを救える可能性もあります。各家庭でも余力があれば、準備しておいてもよいです。防災準備品は仮に自宅が壊れてしまっても、それを使った救出活動ができるように自宅の屋外に置いているケースもあります。敷地外から見てもわかりやすい場所に防災準備品を準備しておけば、迅速な救出活動につながるでしょう。

　また、日本で市販されている防災用品で意外と含まれないのが防煙マスクです。火災時には火炎より先に煙で亡くなる方が多いです。諸外国ではホテルの室内や地下鉄駅の構内に防煙マスクが備蓄されているケースを見ます。火災対策として防煙マスクを加えてもよいでしょう。

　最後に、防災用品といえるかどうかわかりませんが、平常時より活用でき、災害時にもおおいに役立つものがあります。発災後の避難生活においては、情報収集や飲料水、食料の確保に日々まちの中を移動しなければなりません。そこで活躍するのが自転車です。都市での災害時は自動車での移動は困難が伴いますが、燃料不要の自転車は活用できます。瓦礫やガラス片もあるので、タイヤの頑丈なマウンテンバイクタイプがより望ましいといえます。災害時の自転車の活用もイメージしてみてください。

● 防災用品の活用

　防災用品は準備しておくだけではいざというときに使用できるかわかりません。また、飲料水や食料品には消費期限があります。平常時より防災用品を活用したり、タイミングよく消費していく生活を考える必要があります。非常持出品を準備したはよいが納戸の奥にしまっていて持ち出せない、大量の飲料水や食料品を備蓄していたが賞味期限をはるかに過ぎていたといったケースもあります。薬品にも使用期限がありますので注意が必要です。救急セットも平常時のけがなどに活用しておけば、災害時にもスムーズに対応できるでしょう。持出品の場合、あれもこれもと入れすぎて非常に重量のある持出品袋となっているケースがあります。飲料水は特に重いですので、大量に入れたい気持ちもあるかと思いますが、非常持出品を持って、瓦礫などの散乱する道を避難することを考えると、適切な分量にしておいた方がよいでしょう。

防災準備品はなかなか使う機会がないかもしれません。このような場合は日曜大工などで活用してみたり、自主防災組織の訓練の際に活用してみたりして、平常時より使い慣れておくことも必要です。ただし、工具類は使い方を誤ると事故が起こる可能性があります。消防職員や警察官等の専門家の指導を一度受けてみてもよいでしょう。

防災用品の準備と活用の進め方

◇ **自治体作成のマップ、パンフレット、書籍、インターネットを確認しましょう**

　お住まいの自治体が作成している防災に関するマップやパンフレットに防災用品が掲載されている場合があります。近年は防災に関する書籍も多く発行されていますし、インターネットでも情報を収集できます。

◇ **家族や近隣の人と、必要な防災用品について話し合いましょう**

　災害時にご自身、家族、お住いの地域がどのような被害を受けるかをイメージして必要な防災用品について話し合いましょう。個人で準備するもの、家族で準備するもの、地域で準備するものを考えましょう。

◇ **必要な防災用品を入手、備蓄しましょう**

　防災用品は多岐にわたります。必要なものを必要なだけ準備することにより、お金と備蓄場所の節約になります。高額な用品は近隣の人たちと共同で購入したり、自主防災組織や行政で準備してもらってもいいです。食品などは一度に購入するのではなく計画的に購入すると、一度に期限が切れることを防止できます。

◇ **防災用品を管理、活用しましょう**

　飲食品なら消費期限を確認し、機器なら動作確認を行いましょう。キャンプ・アウトドア用品は防災用品としても活用できることが多いですので、趣味やレジャーにアウトドア活動を取り入れてみてもいいです。防災訓練では積極的に用品を持ち出し、使用方法を近隣の人たちと確認しておきましょう。

参考資料

NHK：そなえる防災「防災グッズリスト」

人と防災未来センター：非常持ち出し品チェックリスト（減災グッズチェックリスト）

Yahoo!天気・災害：持ち出し品・備蓄品チェックリスト

キーワード

備蓄品、持出し品

第7話

災害弱者について知る

● 災害弱者とは

　災害弱者と聞いて皆さんはどのような方たちを想像するでしょうか。"高齢者、乳幼児、障がい者、外国人旅行者……"、もしくは"負傷をしている方、自力で避難が困難な方、避難支援時に特別な配慮が必要な方"。「災害弱者」という言葉は1990年**防災**白書で初めて紹介され、以下の4つに定義されました。

①自分の身に危険が差し迫った場合、それを察知する能力が無い、または困難な者

②自分の身に危険が差し迫った場合、それを察知しても適切な行動を取る事ができない、または困難な者

③危険を知らせる情報を受け取ることができない、または困難な者

④危険を知らせる情報を受け取る事ができても、それに対して適切な行動を取る事ができない、または困難な者

　上記①〜④の下線で示している通り、これらの定義では個人の持つ疾病、知的・精神的な障がい、社会的な不利に基づいた考え方が土台にあります。2011年東日本大震災では高齢者施設や保育園、小・中学校などが沿岸部に立地している場合が多く、押し寄せた大津波から逃げきれなかった高齢者や幼児たち、それらの方たちを助けようとした方たちが亡くなりました。

　これらの教訓から主に防災計画を策定する国の法律：災害対策基本法では高齢者、障害者、乳幼児その他の特に配慮を要するものを「**要配慮者**」とし、災害発生時に自ら避難することが困難な者で支援を要するものを「**避難行動要支援者**」として災害時にスムーズな避難行動ができるように名簿を作成・活用することを義務付けました。地域によって情報伝達要支援者の名簿も併せて作成し、避難訓練時に地域の福祉の専門職の人たちと協力して活用して課題を検討しているところもあります。また、現在、洪水や土砂災害のリスクが高い区域に存する要配慮者利用施設について避難確保計画作成及び避難訓練の実施が義務化されました（2017年）。このように、在

コミュニティ防災の基本と実践　**119**

宅・施設にかかわらず福祉関係者と地域が一体となって訓練を実施していく流れになっています。

● 災害直後から長期的な視点で見た健康被害

　一方で災害弱者を広義に捉えると、災害発生直後のみならず長期的にいのちを奪われる危険性がある方ともいえます。これまでに発生した地震災害を振り返ると、災害の種類、規模、発生時期・時間帯、発生場所など、また本人を取り巻く環境によって被害はそれぞれ異なり長期化しています。近年の地震災害を概観して共通していえることは、直後だけではなく、その後長期にわたって健康を害し、亡くなる事例が増えています。また年齢も高齢者だけではなく、若い年齢層でも亡くなっています。

　被害の大きかった東北地方、熊本県で発生した2つの津波・地震災害を事例として挙げながら被害の実態や援助する側の心構えについて一緒に考えましょう。

・東日本大震災（2011年3月11日午後2時46分）

　津波による溺死か高台に避難したことで生き残った軽傷者に大きく分かれました。また昼間に発生したため、沿岸部に立地している屋外施設にいる多くの方たちが津波にのまれてしまいました。その後、長期的な避難を強いられたのが高齢者です。福島県では福島第一原子力発電所間近の老人ホームの入居者が避難するものの経管栄養、吸引、徘徊している方は受け入れにくいこと、利用者の情報がないため薬や食事、嗜好などがわからず受け入れが難しかったことが避難を長期化させました。同時に高齢者はこれまでと異なる生活環境に馴染めず健康被害を悪化させました。この災害をきっかけに情報弱者、被災弱者、避難弱者……さまざまな弱者に関係する言葉が生まれました。

・2016年熊本地震（2016年4月14日午後9時26分、4月16日午前1時25分）

　震度7以上の揺れが2回発生しその後、度重なる余震と大雨で屋内避難ができず車中泊しなければならない方が多くいました。

　地震発生から12月までに車中泊によるエコノミークラス症候群で入院患者が54人（男性12人、女性42人）もいました。高齢者は独居の方も多く、家族同然のペットを飼っていたので避難所に入るのを遠慮していたことも車中泊する要因の1つだったようです。持病のない方も健康を害し、幅広い年齢

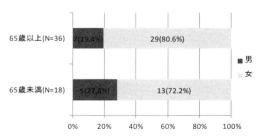

図2.2.7-1
2016年熊本地震におけるエコノミークラス症候群による入院患者数（2017年3月10日時点）
（熊本市HPをもとに作成）

層（40代から）で、性別では女性が被害を受けました（図2.2.7-1）。余談ですが2004年新潟県中越地震でも度重なる余震で車中泊を選び、エコノミークラス症候群で死亡した事例があります。このことからも過去の災害を教訓にして学ぶことが大切であるといえます。

● 震度が小さい地震でも死傷者が発生

　死傷者の発生と震度は関係しています。一般には震度6弱から建物倒壊率が高まるため死亡率が上がるといわれています。ところが近年では震度4でも死傷者が発生する傾向が見られます。身動きの取れない夜間や朝の活動が始まる時間帯、早朝など地震発生最中、直後の私たちの取る行動、取り巻く環境によって影響を受けます。たとえば、2008年岩手県沿岸北部の地震（7月24日午前0時26分、震度6弱）では女性（64歳）が病院で避難しようとしてベッドから誤って転落し頭を強打して脳内出血で死亡しています。同じく2008年岩手・宮城内陸地震（6月14日8時43分、震度6強）では男性（37歳）が自宅アパートで崩れた大量の本の下敷きになって呼吸困難（体位性窒息）で死亡しています。

　負傷者に注目すると2012年千葉県東方沖地震（3月14日午後9時5分、震度5強）では女性（69歳）が就寝中に携帯電話の緊急地震速報のアラーム音を止めようと床に手をついた際に右手首を骨折（重傷）しました。2017年茨城県地方で震度4の地震が2回発生（8月2日午前2時2分、午前7時16分）し、1回目の揺れで60歳の女性が右手首捻挫の軽傷、2回目の揺れでは9歳の女児が階段から落ち腰を打撲する軽傷を負いました。

● 支援する側の心構え

　2016年度の高齢化率は27.3％に達しました。私たちは、体力・機能が衰えていく高齢者を支援・介護していく立場にあります。介護分野では国際生活機能分類（ICF：International Classification of Functioning, Disability and Health、2001）という構造モデルがあります（図2.2.7-2）。これは、個人の属性（たとえば年齢、性別、生活歴、価値観など）と環境因子（物的、人的、社会的環境）の相互作用によって生命・生活・人生レベルが影響を受け本人の健康が決定するという考え方に基づいています。年齢、性別、障がいの程度、疾病などといった個人的な属性だけでなく、本人を取り囲む環境を整備していくことで「活動」の機会、「社会参加」の機会を創出します。また「する活動/目標」を設定して「心身機能」を回復していき、それぞれが相乗的に作用して健康状態の維持に影響を及ぼすという考え方です。

　この考え方を災害弱者に当てはめて考えると「環境因子」部分で家族を含めた各支援者が平常時からサポートすることで心身、活動、参加といった生活機能を高め、健康状態を維持していくことができます。具体的には家族や地域住民等の各支援者が要支援者をリスト化し、それらを重層的に多職種が情報共有し、更新していくこと、安否確認方法の個別対応とその確認、個

別の避難支援・避難経路・方法を複数考慮しておくことです。さらに地域で発生した過去の災害から地域のリスクを学ぶこと、室内の安全性を確保すること、平常時から体力をつけるために食事・介護サービスなどにつなげること、それぞれ個別に合った対策を日常から非日常にリンクさせて考えることが大切です。

東日本大震災では、新生児病院で自家発電機が故障し4日間ライフラインが途絶しました。しかし、阪神・淡路大震災の体験談などを参考に普段から新生児の足元に置いていた医療用のゴム手袋に、ポットに残っていたお湯を入れ、即席の湯たんぽにして温め、体温調節可能域が狭い新生児の低体温を防ぎました。

熊本地震では、高齢者と同居・近居する家族が同時に被災し、直後から支援・サポートできず被災した家屋内で高齢者のQOLが低下する恐れがありました。しかし、行政の要請だけではなく平常時の専門職間のつながり（ケアマネージャー）で、高齢者の特徴（認知症、医療措置を要する）に応じた施設などへの一時的な入居がスムーズに行われた事例が多く見られました。

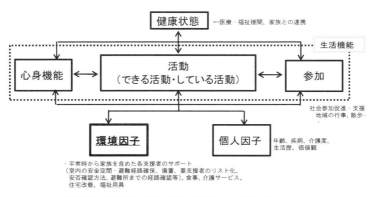

図2.2.7-2　生活機能モデルで見た災害弱者への平常時のサポート
（「ICF（国際生活機能分類）」を改変）

● 支援が必要な方たち（大阪市）

津波災害からすぐに避難できなかった障がい者、小さな幼児を抱える母子世帯、避難所生活に馴染めず在宅避難を強いられた知的障がい者等がいました。長期の避難生活を余儀なくされて小さな子どもたちはストレスを抱えました。

大阪市内には災害時に支援が必要な方たちがどのくらい居住しているのでしょうか。2017年4月1日時点で身体障がい者手帳の交付台帳登録者は137,414人、精神障がい者保健福祉手帳所持者31,637人、母子健康手帳交付数が26,523件、3か月児検診数21,812件です。年々対象者は増えています。また夜間の人口に占める身体障がい者手帳交付台帳登録者割合を見てみま

しょう(図2.2.7-3)。昼間の流入人口が多い地域、たとえば北、中央、西、浪速区では昼間に災害が発生した際に支援してもらえるように事業所・企業と関係を築くことが大切になります。また、夜間は相対的に人口が少ない地域に居住する担い手と連携する必要があります。社会福祉協議会や地域包括支援センター、民生委員がそのように橋渡ししている地域もあります。一方夜間は人手が少なくなるためより課題は深刻です。割合は低いですが、約1小学校区の住民規模に当たる1万人前後の交付数、たとえば西成区11,469人、平野区10,962人、住吉区9,816人が交付されています。このような地域は夜間と昼間人口による割合に大きな差が見られませんので、町会、防災リーダー等、地域住民が主体となって支援することになります。

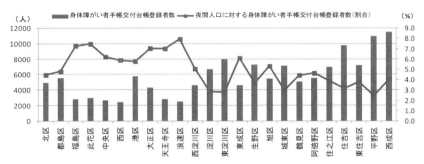

図2.2.7-3　大阪市24区 身体障がい者手帳交付台帳登録者数と夜間人口に対する割合
　　　　　2017年3月1日時点(大阪市健康福祉課HPをもとに作成)

● **高齢単身世帯の増加**

地域防災リーダーや普段から地域の福祉活動を展開されている民生委員、社会福祉協議会の人たちが口を揃えて心配しているのは、コミュニティとの関係が希薄な独り暮らしの存在です。

大阪市では単身世帯はどのくらいいるのでしょうか。高齢社会に突入した2000年からの推移を男女別で見てみま

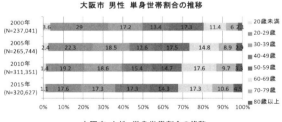

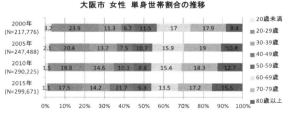

図2.2.7-4　大阪市の男女別単身世帯の年齢割合の推移2000〜2015年
　　　　　(大阪市健康福祉課HPをもとに作成)

しょう。男女ともに年齢にかかわらず単身世帯数は2000年から2015年にかけて男性が237,041人から320,627人へ、女性は217,776人から299,671人に増加しています。特に高齢層に注目すると、男性よりも女性の占める割合が高く、80歳以上の女性の単身世帯率は男性の4倍にも当たり、2015年には80歳以上の男性は14,187人（2015年に単身世帯の中で80歳以上の割合は4.5％）、女性46,764人（同様に15.5％）です（図2.2.7-4）。また、60歳以上の女性の割合は全体の4割強を占める一方で男性は3割程度です。高齢になるほど女性の単身率が高まる傾向にあることがわかります。

● 災害時にだけ注目すればよいのでしょうか

　災害時に援助が必要になる、もしくは必要になる可能性のある方たちは平常時からも課題を抱えています。日常生活を営む彼ら自身の生活環境から特徴や課題を知り、彼らを支える家族や友人・地域の人たちにつなげていく必要があります。昼間と夜間で地域の担い手の特性を知り、関係づくりをしていくことも大切です。

　一般的に被害の様相は災害の種類、規模、発生時期・時間帯、発生場所、私たちが直後に取る行動などで変わるため、災害時に支援・救援を行う担い手は，時に既往災害で見られる事前の想定を超えたところに意外な弱者が発生するかもしれないといった複眼的な見方が必要となるでしょう。

参考資料
内閣府 ： 防災白書
総務省消防庁 ： 災害情報
大阪市健康福祉課 ： 男女別単身世帯数

キーワード
災害弱者、被災弱者、エコノミークラス症候群、ICF（国際生活機能分類）、単身世帯、女性

第8話

避難場所/避難経路を考える

　自分で災害から身を守るための基本は避難です。危機的な状況を察知し、安全な場所に速やかに身を置くことが大切です。また、避難行動において、安全な経路を選ばなければ、いのちを落とすことになってしまいます。特に水害においては、安全な避難経路と避難場所を知っておくことは絶対に必要です。防災計画において設定される避難場所と避難経路の安全性の確保は重要です。ここでは、避難において重要となる避難場所と避難経路について考えたいと思います。

● 避難場所とは

　避難場所とは、地震などの災害が発生し、地域全体が危険になったときに避難する場所や施設で、災害が収まるまで一時的に待つ場所のことです。「指定避難場所」というと、市が地域と協議して指定する避難所であり、自宅が被災した住民等を収容し、一定期間、避難生活を送るための施設を指します。避難場所には、一時避難場所と広域避難場所、地域指定避難所があります。

写真2.2.8-1　避難場所

　市指定緊急避難場所（一時避難場所）は、災害が発生または恐れがある場合に、一時的に身を守るために、市が指定した避難場所です。学校の体育館や都市公園、県・私立高校のグラウンド、公民館、公立学校施設などが避難所として指定されます（写真2.2.8-1）。

　市指定広域避難場所は、地震による火災の延焼拡大により、地域全体が危険になった場合、一時的に市民の生命と安全を守る場所として、市が指定する避難場所です。公園・広場などの空地が指定されます。

コミュニティ防災の基本と実践　**125**

第2章

　地域指定一時避難場所は、市指定緊急避難場所（一時避難場所）以外で、災害の発生または恐れがある場合に、一時的に避難する場所として、地域が指定した避難場所です。地域の公民館や地域コミュニティセンターを地域が指定しています。

　避難場所の指定においては、位置、規模、階層、床面積、利用可能面積などが考慮され検討されます。

　避難場所として公的な施設の利用が難しい場合には、民間企業と提携して、私立学校施設、商業施設、民間の宿泊施設、高層マンション、寺院・神社が指定されることもあります。

● 避難所とは

　避難所とは、地震などの災害により家屋の倒壊や焼失などで被害を受けた人、または現に被害を受ける恐れのある人が、一定の期間避難生活をする場所です。避難者が一定期間滞在することから、避難者の生活環境を確保することが求められます（写真2.2.8-2）。

　「指定避難所」は、災害対策基本法に基づいて市町村長があらかじめ指定する避難所のことを指します。防災、救援の拠点となり、負傷者

写真2.2.8-2　避難所の様子

の救援や、給水・食料の配給なども行われます。市指定避難所は、住宅建物が災害により全半壊・焼失などの被害を受け、生活の場を失った市民が、生活の場を確保するため、一時的（応急的）な生活の拠点として宿泊滞在する施設です。市立の小中高等学校や公共施設が指定されます。

　市指定避難所が不足する場合には、地域指定一時避難所の中から、地域コミュニティセンターなどの市施設が補助避難所として開設されます。開設した補助避難所は、地域住民により運営が行われます。開設・運用方法は、地域、市、施設管理者が事前協議で決めておきます。補助避難所は、次のような場合に、指定避難所を補完する施設です。
　○ 指定避難所での生活が困難な人を受け入れる施設として活用
　○ 指定避難所が収容人員を超えた場合や損壊などにより、受け入れができない場合の活用など

　福祉避難所は補助避難所での共同生活が困難な高齢者、障がい者、発達障がい者の他、妊婦、乳幼児、病弱者等の要配慮者及びその家族を受け入れる施設です。市が福祉避難所として事前に協定を締結した社会福祉施設などが対象となります。対象者の福祉避難所への入所は市が判断・決定します。

第8話 避難場所/避難経路を考える

● 避難所が持つべき機能

避難所は災害後に発生するさまざまな事態に対応するとともに、避難者が一時的に滞在する場となることから、災害時に必要な情報を提供し、避難生活の利便性が考慮された機能・設備を有していることが求められます。このような避難所が持つべき機能について説明します。

① 生活機能

避難者に対して宿泊や食事を提供するとともに、生理衛生面に配慮した環境を整えなければなりません。障がい者や高齢者、乳幼児などには特に配慮が必要であり、特別な食事の用意や、寝る場所の工夫などについても事前に検討しておくとよいでしょう。

② 災害時の情報収集伝達

情報が全く入ってこない環境では、住民が安心して避難生活を送ることができません。災害後は避難してきた人々に対して、気象情報、被害や周辺の状況等に関する情報を提供するための情報収集伝達手段を有する設備(テレビ、ラジオなど)を準備しておきましょう。

③ プライバシーの確保

避難生活は多大なストレスが生じる状況のため、避難者のプライバシーの確保は重要です。十分な収容能力を持つ施設を選んだり、プライバシーの確保のための設備を用意するなどして、ストレス緩和を図る工夫を施すことが望まれます。

○ 配慮事項

住民が避難を躊躇するような施設では、避難が遅れたり避難しないといった事態が懸念されます。このため、住民の早めの避難を促すような施設のつくりやテレビなどの機器の設置も望まれるところです。

また、災害時要援護者は一般住民と比べて、自由に移動ができなかったりするため、より大きなストレスが生じることも考えられます。従って、災害時要援護者用に個室を確保したり、病院との連携を図るなどの配慮が大事です。

● 避難経路とは

避難経路は、屋内または屋外の避難に際して使用される経路のことです。避難路は、避難に使用する道路や道のことです。

避難経路は可能な限り、日常と同じ経路を使うことが望ましいといえますが、日常使用しない階段などについては、平素から管理しておく必要があります。避難経路は標識などで示すなど、災害時にすぐにわかるようにしておきます。また、避難経路が1つしかないと土砂災害などで通行できないなどの事態もあることから、複数の経路を整備しておくことも重要です。さらに、教職員等が低学年の児童や幼児を誘導しやすいものとするとともに、児童生徒等にとっても利用可能

コミュニティ防災の基本と実践　**127**

なものとなるような配慮も必要でしょう。以下に
避難経路の検討における要点を示します。

- 最短時間で避難路または避難目標地点に到達できること（安全性が確保されている限りにおいて）
- 山・がけ崩れ、建物の倒壊、転倒・落下物などによる危険が少なく、幅員が広い
- 海岸、河川沿いの道路は、原則として避難路としない

写真2.2.8-3　津波避難経路

- 避難路は津波の進行方向に避難するよう指定する（海岸方向にある避難場所へ向かって避難するような避難路の指定は原則として行わない）
- 避難路に面して津波避難ビルが指定されていることが望ましい
- 避難に使用される道路やインフラ施設の耐震性が確保されている
- 家屋の倒壊、火災の発生、橋梁の落下などの事態の迂回路を確保できる道路である
- 沿道建築物の耐震性対策を施す
- 夜間の避難も考慮し、夜間照明などが設置されている
- 階段、急な坂道などには手すりなどが設置されていることが望ましい

〇 住民による避難路づくり

避難路は公道や行政で整備される道であることが通常ですが、行政による整備が追いつかなかったり、十分な予算がつかなかったりする場合、地域住民が協力して避難路を整備することがあります。このような活動に対しては、避難路整備に必要な道具や材料が行政から提供されます。

● 避難経路の設定

市などから提供されるハザードマップなどの情報をもとに、地域ごとに住民が避難経路の機能性や安全性に配慮し、短時間（おおむね5～10分程度または2km程度）で避難目標地点に到達できるような経路を設定します。避難の方法は、原則として徒歩としますが、避難場所までの距離が離れていたり、避難所までの歩行が困難な住民に関しては、自動車などによる避難も想定します。

参考資料

避難場所、避難所、避難経路などについて学ぶことができる資料や情報は、市町村や都道府県、内閣府などのホームページで提供されます。

キーワード

避難場所、避難所、避難経路、津波避難

第9話

避難所の事前準備

　円滑な避難所の開設・運営を実現するためには、事前の準備が大切になります。避難所をどのように開設・運営するかを決めたり、必要な物資や設備を用意したり、定期的に安全性を点検したりすることが必要です。市町村、消防、警察、自主防災組織、地域住民が日頃から話し合って、開設と運営に向けた準備をともに進めていかなければなりません。ここでは、どのような事前の準備を行うのかを紹介しましょう。

● **避難所の安全性の確保**
　住民が安心して避難することができる避難所は、さまざまな自然災害に対する安全性が確保されているかが点検されていなければなりません。避難所として必要な機能を有した施設であるかも確認しておく必要があります。確認・点検の結果、避難所が安全または適切でないと判断された場合には、構造強化などの改善策を講じたり、新設したりする必要が生じます。あるいは、民間企業との協定による民間施設や民間住宅などを一時避難所としたり他の公共施設を活用するなどして、地域内に安全な避難所を確保する必要があります。

　まず、災害ハザードマップなどに基づいて、避難所が自然災害（地震、津波、水害、土砂災害など）に対して安全かどうかを確認しておく必要があります。実際に現地の立地状況を確認し、避難所周辺の危険箇所を把握し、避難時間や避難経路、避難所の構造などを踏まえて避難所が適切であるかを判断しなければなりません。

　避難所の安全性は、定期的な点検や設備などのメンテナンスを行い、災害時に使用可能な状態に維持しておくことも重要です。定期点検は、行政だけでなく、消防、警察、自主防災組織、及びその避難所へ避難する住民らで合同で実施しましょう。この機会に避難所を現地で確認することで、緊急時の住民の避難行動や消防団、警察、自主防災組織などによる避難誘導などが円滑に行われることが期待できます。また、こうした活動を通して各機関職員や住

コミュニティ防災の基本と実践　**131**

民の防災意識が高められ、平常時からの連携を深めることができます。

　施設の安全性の判断が難しい場合は、それぞれの災害の専門家（都道府県土木事務所職員や研究者等）と相談したり、助言をもらったりして安全を確認する必要があります。

　1つの避難所が全ての自然災害に対して安全であるとは限りません。たとえば、津波に対して安全な内陸の避難所は、土砂災害に対しては安全ではないかもしれません。場合によっては複数の避難所を災害の種類によって使い分ける必要もあります。

● 地域における日頃からの話し合い

　災害時に円滑な避難所運営ができるよう、避難所運営について、日頃から地域で話し合っておくことが大事です。また、災害時に慌てたり混乱したりしないよう、事前に以下のような事項について決めておくことが大事です。

　　・避難所での初動対応の手順の確認
　　・避難所生活ルールを作成
　　・避難所運営における役割分担の確認
　　・事前に受け入れスペースを確認しましょう
　　・避難所施設の鍵の補完・管理体制を事前に決めましょう

　話し合った内容については、地域内の掲示板や回覧板などを活用して関係者間で共有しましょう。話し合いの内容は、記録として残しておくとともに、避難所開設・運営マニュアルに記載していきます。また、できる限り定期的に話し合いを行い、マニュアルの内容を更新していくことも大事です。

　このような話し合いの場として、校区防災連絡会を設置・開催して事前協議を行います。次に、避難所運営委員会を設置・開催し検討を進めていきます。

● 避難所運営の組織化・体制づくり

（1）校区防災連絡会の設置・開催

　避難所運営委員会の準備会議となる「校区防災連絡会」は、小学校区ごとに設立されます。「校区防災連絡会」は、校区自治協議会の「地域」、行政が派遣する「避難所担当職員」、指定避難所及び建物がある指定緊急避難場所の「施設管理者」で構成されます。本連絡会は、関係者が集まって、校区内の避難者情報の収集方法、報告先、物資供給方法などについて事前協議を行う重要な場となります。また、本連絡会において、指定避難所及び建物がある指定緊急避難場所ごとに設立する「避難所運営委員会」の人選などが行われます。

（2）避難所運営委員会の設立及び事前協議事項

　避難所運営委員会は（以下、運営委員会）、避難所運営を円滑に行い、運営体制を強化・充

実させるために必要な事項について意思決定を行うための組織です。本委員会は、主に自主防災組織が中心となって、避難所ごとに立ち上げられます。災害時には、避難者の代表者を構成員に加えて、避難生活に関わるさまざまな活動を行っていきます。

　運営委員会では、事前に行っておくことを確認したり、避難所運営マニュアルを作成したりして以下のように、準備を進めていきます。

○ 確認・準備事項

【平　　時】　○ 運営に関する事項の確認

　　　　　　　○ 避難所開設・運営マニュアルの作成

　　　　　　　○ 避難所生活ルールの作成

　　　　　　　○ 役割分担の確認

【災害時】　○ 避難所生活ルールの調整

　　　　　　　○ 避難者の意見・要望の調整

　　　　　　　○ 運営における問題や対応についての話し合い

　このような委員会には男性の参加が中心となりがちですが、できる限り多くの女性へも参画を促しましょう。また、運営委員会の委員や関係者は、市や各種団体などが実施する自主防災会のリーダー研修などに参加して、防災に関する知識や対応能力を日頃から向上させるよう努めましょう。

● 避難所運営マニュアルと各種様式の作成

　各避難所では、運営委員会を中心として「避難所開設・運営マニュアル」を作成し、災害時に備えます。避難所運営マニュアルは、地域や避難所の特性に応じて作成することが大事です。

　避難所運営マニュアルは、次のような要素で構成されます。①事前対策、②避難所の開設、③初動対応、④運営時の対応、⑤施設利用のルール、⑥運営に必要なさまざまな様式、⑥その他の資料。避難所運営マニュアル作成指針が都道府県や市町村のホームページで公開されています。例）大阪府ホームページ（http://www.pref.osaka.lg.jp/shobobosai/hinanzyo-hishin/index.html）

● 食料・物資などの備蓄品を点検しましょう

（1）食料・飲料水の備蓄

　避難所として指定した施設には、応急的に必要と考えられる食料・飲料水の備蓄をしておきましょう。指定避難所に食料・飲料水を備蓄しない場合は、避難所が開設された場合に食料・飲料水が届けられるよう供給計画を作成しておく必要があります。

　食物アレルギーの避難者にも配慮し、アルファ化米などの白米と牛乳アレルギー対応ミルクなども備蓄しておくとよいでしょう。なお、備蓄食料については、近年の食生活の向上と嗜好の多

様化、高齢者への対応も考慮して保存食を準備するなど、できる限り工夫することも大切です。

（2）その他備蓄品の備蓄など

　被災者の生命、身体の保護を優先として、次に示すような備蓄品についても検討しておきましょう。

① 仮設トイレ。バリアフリーに対応したトイレ

② 高齢者、乳幼児、女性等に配慮し、紙おむつや生理用品

③ 避難所の感染症予防のため、マスクや手指消毒液など

④ 自家発電装置、非常用発電機及び衛星電話（これらの設備については、使用可能かどうかを定期点検しておくこと）

⑤ マッチ・使い捨てライター・プロパンガス・固形燃料などの燃料

⑥ その他備蓄しておくことが望ましい物

　　・ タオルケット、毛布、布団などの寝具

　　・ 衣類、子ども服などの上着、下着

　　・ タオル、靴下、靴、サンダル、傘などの身の回り品

　　・ 石鹸、歯磨用品、ティッシュペーパー、トイレットペーパーなどの日用品

　　・ 炊飯器、鍋、包丁、ガス用具などの調理道具

　　・ 茶碗、皿、箸などの食器

（3）生活用水の確保

　トイレや避難所の清掃、洗濯、機材の洗浄などの用途に欠かせない「生活用水」の確保が必要です。また、感染症の防止にも衛生的な水を早期に確保することは重要です。タンク、貯水槽、井戸などの整備に努めましょう。

● 避難所開設・運営訓練を実施しましょう

　避難所運営マニュアルの作成など、事前の準備が整ったら、運営委員会、行政、施設管理者、住民が合同で、避難所開設・運営の訓練を行いましょう。会議室や地域の公民館での机上型の訓練や、避難所となる学校での実地訓練を実施し、マニュアルを習熟するとともに、課題を洗い出して改善につなげていくことが大切です。

参考資料

避難所の事前準備について学ぶことができる資料や情報は、市町村や都道府県、内閣府のホームページで提供されています。

キーワード

避難所マニュアル、避難所運営、避難所の事前準備、避難所ガイドライン

第10話

まちのイベントに
災害訓練要素を取り入れる

　多くの地域で避難訓練や防災講演会が行われ、自然災害に対する備えの重要性などの防災意識が高まってきています。このことは極めて素晴らしいことです。しかし、避難訓練や防災講演会への参加者が固定化し、さらに高齢化しているのが現状です。このため、地域自治会などの役員は「幅広い年齢層に防災意識を広めるのにどうしたらいいのか?」と悩んでいるようです。

　災害時の要配慮者への避難支援や避難所の運営には、体力があり健康な若い世代の協力が不可欠です。中学生以上から子育て世代の人たちに災害に備えた事前の取り組みの大切さを理解してもらい、訓練に積極的に参加してもらい、また講演会にも足を運んでもらうことが重要です。災害のない平常時に地域住民の防災意識を高めておくことが「災害に強いまち」につながり、実際の災害時の対応と災害後の復旧過程で大いに役立ちます。

●「災害に強いまち」とは?

　「災害に強いまち」をつくるために必要な要素として、「公助」、「共助」そして「自助」の3つが挙げられています。行政などが住民向けに行う「公助」は重要な取り組みですが、大きな災害時にはそれらが十分に機能しないことが多々ありました。「共助」は近隣住民同士がお互いに助け合うことをいいます。「自助」は読んで字のごとく、「自分で自分を助ける(身を守る)」という意味です。大災害時に「公助」が十分に機能しないことを想定すれば、「共助」や「自助」が、いかに大切かがわかります。1995年阪神・淡路大震災時に倒壊家屋などに閉じ込められた人の約8割は近隣の人に救助された、すなわち「共助」が機能したとの報告があります。まずは「自助」をしっかり実践し、さらに地域における「助け・助けられる関係性＝共助」の構築が、「災害に強いまち」に極めて重要であるといえます。

　「自助」については、行政からの広報誌などで紹介されていますので、それを参考に準備し

コミュニティ防災の基本と実践　135

ておきましょう。「共助」については自分1人でつくり上げることはできません。

　「共助」のあるまちを構築するためには、まず以下の3点を推進していくことが肝要です。

（1）地元愛を育てる

　まちの中には、都会といえども自然や歴史的な建造物があります。それらを知り、それらを愛でることが「自分のまちを好きになる」ときの基本となります。住むまちを好きになれば、隣人をも大切にしたいという心が芽生えます。つまり、「地元愛」をきっかけに、次に挙げる（2）「隣人愛」が育ちます。

（2）隣人愛を育てる

　「隣人がどういった人であるのか」を知っているかいないかでは、普段の生活を営む上での「安心感」が全く違います。「安心感」を得るためには、普段から近隣住民と積極的に挨拶を交わし、人となりを知っておくことが大切です。そうすることで、災害時などには、知っている隣人が「自分を助け」、逆に隣人を「自分が助ける」という行動につながります。日常の住民交流は「自己と他者のいのちを大切に思う心」を育んでいます。

（3）まちや近隣住民に潜むリスクを知る

　まちの中には、普段でも危険な所や災害時などに危険となる所があります。それらを把握しておくことは、普段の生活を行う上でも、災害時にも生かされます。また、（2）で述べたように、「隣人を知ること」は犯罪に巻き込まれるリスクを事前に知る手立てにもなります。近隣に危険人物がいないことが理想ですが、そういった人が「知らないけどいる」というのと「いるのを知っている」とでは、日常生活における「安心感」ははるかに違うでしょうし、危険人物がいるなら事前に対策を取ることもできます。

　では、「災害に強いまち」づくりに重要な上記3点を達成するために、子どもたちも含めた全住民が交流できるイベントや地域やまちの様子（自然、歴史、そしてリスク）を知るためのイベントにはどのようなものがあるでしょうか？　そして、どうすればそのイベントにもっとたくさんの人が参加してくれるのでしょうか？　次に、そのようなイベントと、それらに積極的に、かつ楽しんで参加してもらうためにどんな災害訓練要素を組み込んだらよいかを、いくつかの事例を通して紹介しましょう。

● スマートフォンのアプリケーション（アプリ）を利用したまち歩きとロゲイニング

　北九州市と周辺自治体、研究機関、民間企業で設立した一般社団法人「G-motty」が開設している地理空間情報プラットフォーム「G-motty」及び無料でダウンロード可能なスマートフォンアプリ「G-motty Mobile」では、まちに存在する多様なものが電子地図上で確認でき、さらに誰もがその場所を登録できるようになっています。その中には、行政が提供する「南海トラフの巨大地震の震度予想マップ」や「AED設置施設マップ」などの防災関連情報や、住民が登録した「お地蔵さん・石仏マップ」といった地域の歴史的所縁のあるものなど多種多様のマップがあります。さらに、「G-motty生活情報」の中には、病院などの救急救命関連施設や自動販売機の設置箇所を示す情報なども含まれています。この仕組みは北九州市発祥ですので、まだまだ全国的には情報が十分に蓄積されていません。しかし、他地域でも市民が積極的に同様の情報を登録することで、平常時にもまた災害などの緊急時にも活用できる情報が蓄積されていくことになります。このようなアプリを使ってまち歩きをすることで、まちの自然環境や歴史・文化的な名所・遺産、商業施設、さらには交通や災害に関する危険箇所（リスク）の情報を入手したり、登録したりすることができます。古地図を背景にして当時のまちを疑似体験するなど、遊び感覚で楽しみながらまちのことがわかりますので、紙の地図だけではなくG-motty Mobileを使ってみてはどうでしょうか？

　これらの登録された情報を活用したロゲイニングアプリサービスがあります。ロゲイニングとは地図やコンパスを用いて、山野に複数設置されたチェックポイントを制限時間内にできるだけ多く回り、得られた点数を競う野外スポーツです。オリエンテーリングと似ていますが、チェックポイントが多数であることやポイントを巡る順序が自由であるなどの違いがあります。防災関連では、似たものに「防災のためのまち歩き」というのがあります。この場合にも、地図上に記されたポイントを巡りながら、過去の災害による被災箇所（災害遺構）や将来の災害時の危険箇所を学びます。このようなまち歩きを、G-mottyが開発したロゲイニングゲーム（スマートフォンアプリ）を利用して行えば、多くの年代の人たちが楽しみながら災害関連情報を確認することができるでしょう。最近話題になった「ポケモンGO」のように、ある地点に近付くと、埋め込まれた情報が出現し、情報を確認し、指令を実行するなど、ゲーム感覚で参加できるので、楽しみながらまち歩きができます。

● 防災運動会

　学校で行われる運動会とは別に、地域住民の交流を図った地域運動会が行われています。この運動会を災害時に必要な行動を取り込んだ「防災運動会」にしてみてはいかがでしょう。災害時には、想像以上に体力が必要になりますから、普段からこういった運動会を通して、住民間の交流だけでなく自分の体力を知っておくことも重要です。

写真2.2.10-1　毛布と竿を使った簡易担架

　防災運動会で行われている競技には以下のようなものがあります。

（1）毛布と竿（毛布だけでもよい）を利用した担架リレー

　毛布1枚と竿2本で簡易担架をつくり、人を乗せて4人で運ぶリレー競技です。毛布1枚を2つ折りにして4つ角をしっかり持って運ぶやり方もあります。この場合、簡易担架づくりそのものを経験してもらうことが重要です。

（2）水バケツリレー

　空の水槽にもう一方の水槽からバケツを利用して水を移動させる競技で、空の水槽がいっぱいになれば終了となります。使用するバケツの数と1チームのメンバー数だけ決めておき、どのように運ぶのかを参加者に考えてもらうと、いろいろなアイデアが出てきて、効率的な水の運搬を学べます。

（3）水消火器による的当て

　水を入れた消火器を使って、水の勢いで的を倒したり、紙でつくった的を破くゲームです。消火器の使い方を楽しく学ぶことができます。

（4）大声競技

　被災し、倒壊家屋などに閉じ込められたときには、自分の居場所を他者に知らせる必要があります。その際、より大きな声が出せれば、助かる確率が増します。

（5）車いすリレー

　障がい者、高齢者やけが人などを運ぶ方法には背負う、抱きかかえるなどいろいろありますが、この競技では健常者が使うことが少ない車いすで運びます。走路に障害物があれば、移動の難しさを知ることができ、いざというときに役立ちます。

　その他にも考えられますが、災害時に起こることや避難時に生じる問題を日々の生活の中で想像しておきましょう。そして、災害時に取るべき行動を防災運動会の競技にしておくことで、知らず知らずのうちに対策を取っていることになります。

第10話 まちのイベントに災害訓練要素を取り入れる

● 防災（サバイバル）キャンプでの避難生活体験

　避難所での生活は想像以上につらいものです。台風や洪水などから身の安全を確保する避難であれば、短時間ですむかもしれません。しかし、1995年阪神・淡路大震災や2011年東日本大震災のような大きな災害になると、数か月にも及ぶ長期間の避難所生活となります。その避難所生活では、食料や飲料水の確保だけでなく、トイレやプライバシーなどの種々の問題があります。こういった過酷な避難所生活を疑似体験しておくことは大切です。

　避難所の不便な生活を楽しみながら体験するには、サバイバル生活を模した防災キャンプがおすすめです。このキャンプでは、使える水を制限し、大切に水を使うことを心がけてもらいます。また、市販の災害非常食を知っておくだけでなく、知恵と工夫でできる、「アルミ缶を用いた炊飯」などの「サバイバルクッキング」を体験してもらいます。さらに、水が十分にない場合には、海水やあまりきれいでない水を用いる「パッククッキング」も料理のバリエーションがあっておもしろいです。

写真2.2.10-2　アルミ缶を用いた炊飯

　また、火おこしを体験し、燃料の無駄遣いをせず火を長く保つ方法を学びましょう。テントで快適に眠れる方法を考えておくことも大切です。普通であればテント用マットを使いますが、それがない場合には段ボールを使うなどの工夫が考えられます。その他に、新聞紙を使ってスリッパや食器を、ゴミ袋やレジ袋を用いてカッパ、おむつや簡易トイレなどをつくるワークショップを実施してもいいです。このような不便で不快な環境を快適に過ごすためのスキルを考え、学ぶ防災キャンプは大変おもしろい企画です。

● さいごに

　上記で紹介した以外にも、地域で行われる各種イベントの中に災害時の問題の対処法を学べる要素を含めるようにしましょう。ちょっとした工夫で、楽しみながら参加者が学べます。災害訓練要素については、以下のキーワードで検索してください。

キーワード
G-motty、ロゲイニング、防災まち歩き、防災運動会、防災キャンプ、火おこし、サバイバルクッキング、パッククッキング

第3章

いのちを守る術を知る
（災害直後の対応）

　災害は突然おこり、多くの人のいのちを脅かします。いのちを守るには、個人や家族の力はもちろん、ご近所同士で助け合うことも必要です。そのためには、災害の種類に応じた身の守り方や避難情報伝達の仕組み、救助や応急手当の方法などを知っておくことが大切です。
　この章では、災害時に引き起こされるさまざまな事象とこれまでの経験から得たいのちを守る工夫について取り上げます。皆さんが暮らしているまちでは、災害時にどのようなことに注意すればいいのか、地域コミュニティの共助の方法を考えます。さらに、それらを実践するために日々の生活や活動に、どのように防災を取り入れるかについても考えてみましょう。

第1話

火災から身を守る

　皆さんは、大規模地震が発生した場合に「地震火災からどのように身を守るのか」について考えたことがあるでしょうか?

　地震火災の出火原因は時代とともに推移しています。関東大震災(1923年)では、かまどや七輪などからの出火、新潟地震(1964年)以後は、ガス・石油機器関係の出火が多く見られるなど、使用している火気器具や燃料、エネルギーなどの生活様式の変化と安全対策により、その出火原因も変化してきたといえます。近年の大規模地震発生時においては、電気が原因と推測される火災が多く見られています。

● **阪神・淡路大震災における地震火災の概要**

　1995年1月17日5時46分に発生した阪神・淡路大震災による火災は285件発生し、被害状況は、焼損棟数483棟、建物焼損床面積834,633㎡、火災による死者数は559人であったと報告されています(総務省消防庁1998)。

　総出火件数285件のうち、建物火災件数が261件(92%)と大半を占めています。また、市町村別の火災発生件数は、最も被害が大きかった神戸市をはじめとする兵庫県下に集中(228件)していますが、震度4を観測した大阪市においても16件の火災が発生しています。

　総出火件数285件の出火原因のうち電気に起因する火災が占める割合は、出火原因が不明なケース(146件)を除くと、約61%(85/139件)に達するものと考えられています。

　また、時間経過別に火災の発火源について見てみると、電気以外が早期に多い一方、電気機器・配線は持続的に多く、電気関係火災が火災件数の主要部分を占めていたものと考えられます(表2.3.1-1)。

コミュニティ防災の基本と実践　**143**

表2.3.1-1　主な出火源別・時間帯別出火件数（17日中の火災205件：出火時刻不明の1件を除く）

		発火源					計
		電気機器・配線	ガス関係	一般火気・薬品	その他	不明	
時間帯	5:46〜6:00	15	7	12	2	51	87
	6:00〜7:00	9	1	4	1	24	39
	7:00〜9:00	15		1		13	29
	9:00〜24:00	19	2	7		22	50
計		58	10	24	3	110	205

（総務省消防庁1998より）

● **東日本大震災における地震火災の概要**

　2011年3月11日に発生した東日本大震災の地震火災については、津波に起因する津波型火災と地震動に起因する地震型火災の両者が発生しています。

　総出火件数378件のうち、地震型火災は163件、津波型火災は162件、地震動との関連が低い間接的な火災は53件であった旨の調査結果が出されています。

　特に、電気に起因する火災との関係が深い地震型火災の発生件数は、宮城県下で最大の32件が発生し、次いで東京都31件、茨城県23件、福島県22件となっており、地震火災は震源域に近い地域のみならず、広範囲で発生していたものと考えられています（岩見2014）。

　ここでいう津波型火災とは、以下に示す通りで、⑥を除いては津波から避難することが身を守るための方法といえます。

　　① 転倒・破壊されたコンビナート地区、埠頭エリア内の石油タンクなどからの漏洩油やLPGの漏洩ガスへの着火・流動と市街地の家屋などへの着火

　　② 住宅レベルの灯油タンクやLPGガスボンベの転倒、配管の破損による漏洩

　　③ 火のついた家屋や火のついた瓦礫の塊が津波に流されて建物などに着火

　　④ 船舶や車が出火し、これが流されて建物などに着火

　　⑤ 流された車が家屋や他の車と衝突して出火して、車、家屋とも炎上

　　⑥ 海水の塩分で鉄などの酸化が促進され、蓄熱による山積みの鉄くずからの自然発火

　一方、地震型火災の出火要因について整理すると、本震の地震動に起因する火災で電気が火源となったものは、約65%（71/110件）と過半数を占めています。また、本震とは別に、余震や地震後の停電復旧、地震で破損した機器を使用したことなどに起因した火災でも、電気が火源となったものは約70%となっています。これらを合計すると、東日本大震災での地震型火災163件の約66%（108/163件）が電気火災であったといえます。

● 電気に起因する火災の発火源

　これらのことから、近年の大規模地震による火災の原因は電気火災が支配的となってきており、その出火源としては電熱器、電気配線、配線器具、電気機器・装置が考えられます（図2.3.1-1）。

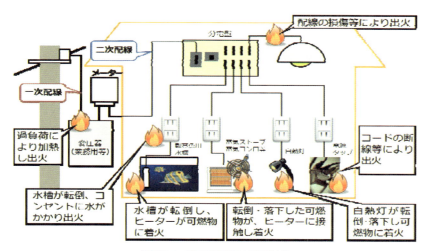

図2.3.1-1　電気に起因する火災の発火源
（大規模地震時の電気火災の発生抑制に関する検討会より）

● 地震火災を防ぐために

　大阪市は、地震時に延焼危険性または避難困難性が高い密集市街地を多く抱えており、南海トラフ巨大地震が発生した場合には、大阪市内で7,643棟が焼失すると想定されています。
　地震火災を防ぐためには、以下の点に気を付けましょう。
　① 揺れが収まったら火気器具全てのスイッチを切りましょう！
　② 自動消火装置などを備えた火気器具を使用しましょう！
　③ 避難するときにはブレーカーを落としましょう！
　④ 感震ブレーカー（図2.3.1-2）を付けましょう！
　⑤ 家具を固定しましょう！
　都市ガスは震度5相当以上で自動的に遮断されます。無理に火を消そうとせず、揺れが収まるまで近付かないようにしましょう。揺れが収まったら速やかにストーブやアイロンを切り、ガスの元栓を閉めましょう。
　大きな揺れを感知すると自動的にガスの供給を遮断するガスマイコンメーターの設置が進んでいますが、作動しなければ燃え広がる危険もありますので消火器を設置しましょう。

分電盤タイプ（内蔵型）	費用：約5〜8万円(標準的なもの) ※電気工事が必要	分電盤タイプ（後付型）	費用：約2万円 ※電気工事が必要
分電盤に内蔵されたセンサーが揺れを感知し、ブレーカーを切って電気を遮断します。		分電盤に感震機能を外付けするタイプで、センサーが揺れを感知し、ブレーカーを切って電気を遮断します。 ※漏電ブレーカーが設置されている場合に設置可能	
コンセントタイプ	費用：約5千円〜2万円程度	簡易タイプ	費用：約2〜4千円程度 ※ホームセンターや家電量販店で購入可能（電気工事不要）
コンセントに内蔵されたセンサーが揺れを感知し、コンセントから電気を遮断します。		ばねの作動や重りの落下などによりブレーカーを切って電気を遮断します。	
（埋込型） 壁面などに取り付けて使うもの ※電気工事が必要	（タップ型） 既存のコンセントに差し込んで使うもの ※電気工事が不要		おもり玉式　　バネ式

※感震ブレーカーとは、地震を感知すると自動的にブレーカーを落として電気を止める器具です。

図2.3.1-2　感震ブレーカーの種類
（経済産業省「感震ブレーカー普及啓発リーフレット」より）

● **初期消火について**

　一般に消火器、水バケツなどによって消火できるのは、天井に火が燃え移るまでの間とされています。

　火災は、できるだけ火が小さいうちに消し止め、被害を最小限に止めるとこが最も重要ですが、1人での消火が無理だと感じたり、身に危険を感じたときは、ドアや窓を閉めてすぐに避難してください。

　消火器での消火方法、水バケツでの消火方法については、Webサイト「私たちの防火・防災ハンドブック（中学生用）」に詳しく書かれていますので参考にしてください。

防災活動の進め方のヒント

◇ **感震ブレーカーについて詳しく知ろう**

　「感震ブレーカー」で検索すると、内閣府や経済産業省、大阪府などのページに詳しい情報が掲載されています。

◇ **消火器やバケツによる消火方法について学ぼう**

　「私たちの防火・防災ハンドブック（中学生用）」で検索すると、大阪市のページからハンドブックの内容がダウンロードできます。

◇ **実際に消火を体験しよう**

　「市民消防教室」、「消防体験教室」で検索すると各地域で開催されている消防体験教室の情報が得られます。参加して、実際に消火体験をしてみましょう。

参考資料

内閣府 : 大規模地震時の電気火災の発生抑制対策の検討と推進について（報告）2015

大阪市危機管理室 : 保存版　市民防災マニュアル

大阪市消防局 : 女性防火クラブ研修テキスト　―地域ですすめる防災活動（改訂版）―

キーワード

地震火災、電気火災、感震ブレーカー

第2話

浸水害から身を守る

ここでは大雨や台風・津波への備えについて解説します。

日本は大陸と大洋に挟まれており、季節の変わりめには梅雨前線や秋雨前線が停滞し、しばしば大雨を降らせることが多い地形です。こうした大雨によって河川の氾濫や土砂災害が発生し、災害をもたらします。このような気象災害を防止、軽減するために自治体は注意や警戒を呼びかけ災害から身を守るような体制を取っています。

● 土砂災害

土砂災害はすさまじい破壊力を持つ土砂が、一瞬にして多くのいのちや住宅などの財産を奪ってしまう恐ろしい災害です。山肌や川底の石や土砂が集中豪雨などにより、一気に下流へと押し流される現象を「土石流」といい、山の斜面や自然の急斜面のがけ、人工的な造成による斜面が突然崩れ落ちることを「がけ崩れ」といいます。また、比較的緩やかな斜面が

写真2.3.2-1　土砂災害の被害の例

地下水などの影響によって、斜面下方へ移動する現象を「地すべり」といいます。

低気圧や台風、前線などにより積乱雲が同じ場所で次々と発生発達を繰り返し、数時間で100mmから数百mmという大量の雨を狭い範囲で降らせることがあります。このような雨を「集中豪雨」といいます。

この集中豪雨などの大雨が土砂災害をもたらす大きな原因となります。大雨警報（土砂災害）や土砂災害警戒情報（図2.3.2-1）が発表されたときには、「土砂災害警戒判定メッシュ情報」で土砂災害発生の危険度が高まっている地域を把握することができます。土砂災害発生の危険

コミュニティ防災の基本と実践　**149**

度が高まっている地域では、土砂災害危険箇所・土砂災害警戒区域などから外側の少しでも安全な場所へ早めに避難することが重要です。

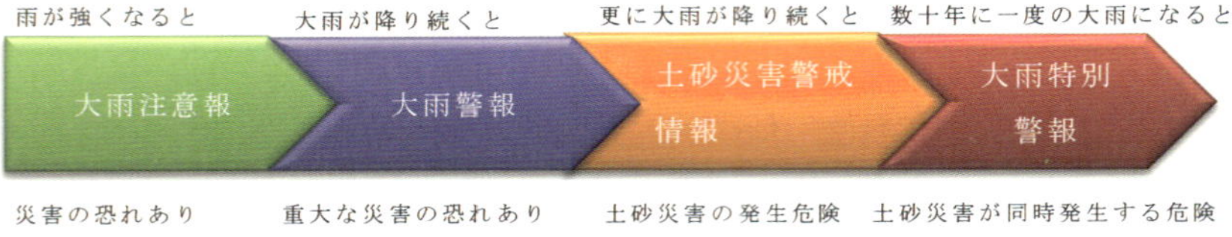

雨が強くなると	大雨が降り続くと	更に大雨が降り続くと	数十年に一度の大雨になると
大雨注意報	大雨警報	土砂災害警戒情報	大雨特別警報
災害の恐れあり	重大な災害の恐れあり	土砂災害の発生危険	土砂災害が同時発生する危険

図2.3.2-1　大雨警報・注意報

土砂災害から避難する場合の注意事項
・土砂災害危険箇所や土砂災害警戒区域から早く避難する
・周囲の状況を確認して浸水していない場所に避難する
・土石流がある場合は流れている方向の真横に避難し、高い場所に避難する
・屋外への避難が困難な場合は斜面に対して反対側の建物の2階以上に避難する
・自らの身体は自ら守る

土砂災害はスピード・パワーが凄まじいため、災害が起きてから避難しようとしても、間に合いません。早めの避難を心がけてください。

● **浸水害（内水氾濫）**

大雨などによる地表面の増加に排水が追いつかず、用水路、下水溝などがあふれて氾濫したり、河川の増水や高潮によって排水が阻まれたりして、住宅などが水につかる災害を浸水害といいます。「内水氾濫」と呼ぶこともあります。道路や田畑が水につかることを冠水ということもあります。

急速に発達した単独の積乱雲によって、数十分という短い時間に非常に強い雨が局所的に降ることが

写真2.3.2-2　浸水時救出訓練のようす

あります。このような雨を「局地的大雨」といいます。総雨量は集中豪雨よりは少ないですが、道路や低地浸水、河川の急な増水を引き起こします。

内水氾濫は、河川氾濫と比較すると以下のような違いがあります。
✓ 降雨から浸水被害が発生するまでの時間が短い
✓ 河川から離れた地域でも浸水被害が発生する
✓ 浸水深は浅いので、無理に屋外へ避難するよりも頑丈な建物の2階以上へ移動した方が安全な場合が多い

✓ 地下空間や周辺に比べて低い場所においては、局所的に浸水の危険度が高くなる

　大雨警報が発表されている状況で、数年に一度程度しか発生しないような短時間の大雨を観測した場合に「記録的短時間大雨情報」が発表されます。記録的短時間大雨情報は、現在の降雨がその地域にとって災害の発生につながるような、猛烈な雨が降っていることを知らせるとともに、災害への一層の警戒を呼びかけるものです。

　それでは「大雨」とはどの程度の雨のことでしょうか。天気予報の「どしゃ降り」は、1時間あたり20mm以上の雨を指します。30mm以上の雨で道路が川のようになり、50mm以上の雨が降ると、都市部では地下室や地下街に雨水が流れ込み、マンホールから水が噴出する場合もあります（図2.3.2-2）。

図2.3.2-2　1時間雨量

　大雨などによる内水氾濫が発生した場合、浸水深が浅いときでも、水の流れによっては、歩行が困難になります。高齢者や子どもには危険ですので、自宅または頑丈な建物などの高い場所へ移動（垂直避難）しましょう。頑丈な建物にいるときは、急な豪雨が降ってきたら無理に外に避難せず、2階以上の高い場所に移動して雨がおさまるのを待ちましょう。特に地下は危険ですので近づかないようにしましょう。

　もし、避難する道がすでに冠水しているときは特に注意が必要です。冠水している道では足元がどうなっているかよく見えません。歩き慣れた道であっても、マンホールの蓋が外れていて吸い込まれるかもしれません。

水害(内水氾濫)から避難するときの心得
　・豪雨が降ってきたら、早めに安全な場所に移動する
　・用水路や川に近づかない
　・地下室や地下街、アンダーパスなどの低い土地からは離れる

　内水氾濫が発生したときには、マンホールから水が噴出したり、坂道が濁流となったりすることで、避難所へ行くことが困難となる場合があります。安全な場所へ避難することが原則ですが、屋外へ出ないで危険を回避するということも考える必要があります。

● 洪水害

　大雨などにより河川の水位が上昇することを「河川洪水」といいます。さらに水位が上昇し、堤防から水があふれたり、堤防が決壊して起こる現象を「河川氾濫（外水氾濫）」といいます。そしてこれにより起こる災害を洪水害といいます。河川の洪水・氾濫が起きる可能性が高いときに発表される情報は、「洪水注意報」や「洪水警報」が一般的ですが、あらかじめ指定された大きな河川を対象に、気象庁と国土交通省または都道府県が共同で「指定河川洪水予報」という川の洪水の予報を出しています（図2.3.2-3）。雨が降り続いているときは、指定河川洪水予報も参考にするようにしましょう。

図2.3.2-3　指定河川洪水予報

　外水氾濫の場合は内水氾濫と違って、水の勢いが強い場合が多く、氾濫が起こってから道路を経由して避難することは難しく、事前の避難が大切です。大きな河川では、大雨警報が解除されても、上流で降った大雨の影響で洪水警報が発表され続けることもあります。雨がやんだからといっても油断せず、洪水警報や指定河川洪水予報に十分注意しましょう。

こんなときは要注意です
- ✓ 天気予報で「大気の状態が不安定」「雷」「天気の急変」などの表現が使われている
- ✓「雷・大雨・洪水」の警報や注意報が出ている
- ✓ レーダーなどの観測情報で周辺や上流で雨が降っている
- ✓「急に真黒な雲が近づいてきた、雷鳴、稲妻」などの空の状態のとき
- ✓ 川の水量が増えた、濁ってきた、流木などが流れてきた
- ✓ 警報サイレンの音が聞こえる

　自治体では、災害の発生時などにおいて「避難準備・高齢者等避難開始」「避難勧告」、または「避難指示（緊急）」を発令する場合があります。これらの違いをよく理解し、自らの身を守りましょう（表2.3.2-1）。また、危険を感じる場合などは、自らの判断で早めに避難することも重要です。

表2.3.2-1　避難情報の種類

種類	拘束力	内容
避難指示（緊急）	強	災害が発生するなど状況がさらに悪化し、人的被害の危険性が非常に高まった場合に発せられるもので、「避難勧告」よりも拘束力が強くなります。
避難勧告	中	災害による被害が予想され、人的被害が発生する可能性が高まった場合に発せられるもので、居住者に立ち退きを勧め促します。
避難準備・高齢者等避難開始	弱	事態の推移によっては避難勧告や避難指示（緊急）の発令を行うことが予想されるため、避難の準備を呼びかけるものです。要援護者など、避難に時間を要する人は避難を開始する必要があります。

浸水害から避難する場合の注意事項

・冠水している道は極力通らない
・外に避難するのが危険なときは、建物の高い場所に避難する

雨が降り続いて不安に思っても、川や用水路の様子を見に行かないでください。大雨のときに川や用水路の様子を見に行って被災することがよくあります。

川の様子は自治体の情報から把握するようにし、不安に感じたときは、避難をするタイミングです。

写真2.3.2-3
土砂災害での家屋からの救出訓練のようす

土砂災害・内水氾濫・洪水害の場合

避難するときは

・ガスの元栓を閉め、電気のブレーカーを落とし、戸締まりを確認する
・河川には近づかない
・冠水しやすい道路は避ける
・やむを得ず、浸水している道路を通る場合は、傘などの棒を使って安全を確かめる
・早めに避難所へ避難する
・一人で行動せず、複数で避難する
・深さ50cm以上で避難は困難、足元に注意する

避難する際の服装

・ヘルメットなどで頭を保護する
・動きやすい長袖の上着と長ズボンを着用する
・普段から履きなれた底が厚めの靴を履く（裸足や長靴は危険）
・非常用品（食料品含む）は両手を空けるためにリュックサックへ入れる

車での避難の危険性

・大雨の中で、車で走行中に命を落とす例が多数発生しており、注意が必要です

- 浸水しているアンダーパスや川沿いの道路は危険なので避難経路にしない
- 一般的に、浸水深30cm以上では車の走行が困難です
- 浸水深50cm以上では車が浮いたり、窓の開閉が出来なくなります
- 車での避難は、事故発生、緊急車両・歩行避難者の通行妨害などを及ぼすこともあります

● **津波による災害**

　津波は、主に地震発生に伴う海底の隆起・沈降などにより、その周辺の海水が上下に変動することによって起こる現象です。波浪は風によって海面付近の海水だけが動きますが、津波は海底から海面までのすべての海水が巨大な水の塊となって沿岸に押し寄せます。津波が引く場合も強い力で長時間にわたり引き続けるため、破壊した家屋などの漂流物を一気に海中に引き込みます。

　津波は、水深が深いところほど波の進行速度は速く、水深が浅くなるほど波の進行速度が遅くなるという性質があるため、津波が陸地に近づくにつれ、後から来る波が前の波に追いつき、波が高くなります。津波は何回も押し寄せたり、複数の波が重なって非常に高い波となることもありますので、最初の波が一番大きいとは限らず、後で襲来する津波の方が高くなることもあります。

図2.3.2-4　津波来襲時の避難イメージ

　津波の危険がある場所には、津波が襲来する危険があることを示す「津波注意」のほか、津波避難場所や津波避難ビルを示す津波標識が設置されています（図2.3.2-5）。「津波避難場所」マークや「津波避難ビル」マークを目印にただちに避難してください。避難所だけでなく、一時避難場所となる高台へ、まずは逃げるということも重要です。

図2.3.2-5　津波標識

○ **地震で揺れていなくても津波は来る**

　1960年の南米で発生したM9.5のチリ地震では、日本でも場所によっては6mの津波が襲来し、119名の方が亡くなっています。これらの津波の場合は、近い場所で起きた地震よりは津波の襲来までにある程度時間があります。

　テレビなどの報道のほか、メールやアプリなどで地震・津波情報（図2.3.2-6）などの防災情報

第2話　浸水害から身を守る

を受信できるサービスを活用して、これらの発表を知ったら避難するようにしましょう。

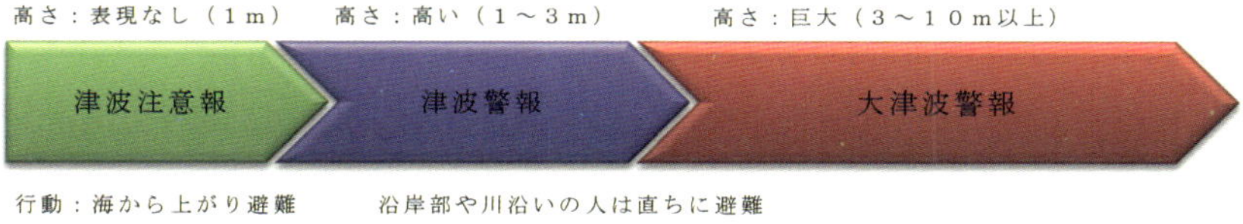

高さ：表現なし（1m）　　高さ：高い（1〜3m）　　　高さ：巨大（3〜10m以上）

| 津波注意報 | 津波警報 | 大津波警報 |

行動：海から上がり避難　　　沿岸部や川沿いの人は直ちに避難

図2.3.2-6　津波警報・注意報

津波から避難するときの心得

- ・海辺にいるときに地震で揺れたら、真っ先に避難を
- ・近くの高台や津波避難ビル、より高く頑丈な建物へ
- ・大きな河川の周辺にいるときは、川から離れて避難を
- ・避難したら津波警報・注意報が解除されるまで絶対に戻らない

　津波の高さを「巨大」という言葉で表現する大津波警報が発表されたときは、2011年東日本大震災のような巨大な津波が襲う恐れがあるため、ただちにできる限り高いところへ避難してください。震源が陸地に近いと津波警報が津波の襲来に間に合わないことがあります。強い揺れや弱くても長い揺れがあった場合は、すぐに避難を開始しましょう。

　津波で避難するときは、「遠く」より「高い」場所に避難することを意識しましょう。

防災活動の進め方のヒント

◇ 地域での災害に関する情報を得よう

　まず情報を正確につかむことが重要です。

　自治体のホームページなどで災害発生の危険度が高まっている地域を把握することができます。気象情報などにも注意が必要です。

　「都道府県名　災害」で検索すると、各都道府県の災害関連サイトを見ることができます。

参考資料

気象庁ホームページ

日本気象協会：「トクする！防災　避難の心得」

キーワード

大雨警報・注意報、1時間雨量、指定河川洪水予報、津波警報・注意報、避難情報の種類、垂直避難

コミュニティ防災の基本と実践　　**155**

第3話

災害時の医療対応を知る

　ここでは災害時の医療について解説します。1995年阪神・淡路大震災では被災地での医療がパニック状態となり、新しく災害医療体制を整えることが必要であることがわかりました。この教訓をもとに、災害時の医療体制ができあがっていったのです。

● 阪神・淡路大震災での教訓

　1995年1月17日午前5時46分、淡路島北部沖の明石海峡を震源として、マグニチュード7.3の阪神・淡路大震災が発生しました。この地震では6,434名の方が亡くなり、43,792名が重軽傷を負いました。発災当日は、被害が大きな被災地内の医療機関（病院）に患者が集中する事態となり、それらの病院はパニック状態に陥りました。しかし、このような状態を周囲に発信することはできませんでした。阪神・淡路大震災における教訓から、災害医療ではこのような医療の供給と、医療の需要（患者数や手術・集中治療など重症者管理の必要性）のアンバランスを改善することが必要であると考えられました。そして「予防できる被災者の死（Preventable death）」を回避することを目標に災害医療体制がつくられていきました。

● 教育の普及とトリアージ

　阪神・淡路大震災時には、災害時の医療に関する教育は全く行われていませんでした。このため、イギリスからMajor Incident Medical Management and Support（MIMMS）という教育コンテンツが導入され、これが後で述べるDMATを含めたあらゆる災害時の医療教育の基礎となっています。この教育内容の中で、特別な概念としてトリアージが導入されました。トリアージは、医療者や医療物資に対して、患者の数が多いときに、治療や搬送の優先順位を付けることをいいます。トリアージにより、緊急性の高い患者を見つけだして対応することで、最大多数の患者を救命できると考えられています。日本では、図2.3.3-1のように、治療や搬送に関す

コミュニティ防災の基本と実践　**157**

る優先度の高いものから赤（即時）・黄（緊急）・緑（猶予）・黒（死亡または救命困難）のカテゴリーに分類し、その後の治療や搬送の判断に用います。

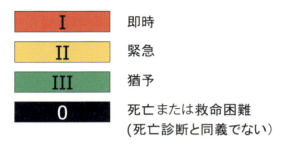

図2.3.3-1　トリアージカテゴリー

● **災害拠点病院**

　医療に関する需要と供給のアンバランスを改善するためには、被災地外に重症傷病者を搬送すること、被災地内に急性期医療を提供することが必要でした。これを解決する第一歩として災害拠点病院が全国に定められ、2015年4月現在694施設が指定されています。被災地内の重症患者は災害拠点病院に集められ、その収容能力を超えた患者は被災地外に搬送されます。被災地外の災害拠点病院では重症患者を受け入れることで、被災して機能しなくなった病院に患者が集中するのを防ぐことができます（図2.3.3-2）。

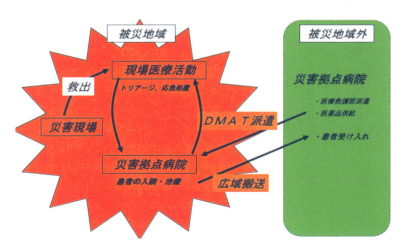

図2.3.3-2　災害時の医療体制の模式図（日本DMATテキストより）

第3話　災害時の医療対応を知る

● 広域搬送とDMAT

　災害時の医療の担い手としてDMAT（Disaster Medical Assistance Team）が組織されました。DMATとは、大地震及び航空機・列車事故といった災害時に被災地に迅速に駆けつけ、患者を被災地外に搬送する広域医療搬送、被災地の病院支援、被災地内の病院や広域搬送拠点に患者を搬送する域内搬送、そして現場活動といった災害医療を行うための専門的な訓練を受けた医療チームです。DMATは基本的に災害拠点病院のスタッフによって組織され、1チームの構成は医師1〜2名、看護師2名、調査員（ロジスティック）1〜2名の4〜6名からなります。2005年3月より始まった隊員要請研修会を修了した隊員数は、現在全国で1万人を超えました。DMATは、組織された直後の2005年4月25日JR福知山線脱線事故以降、2007年7月の新潟中越沖地震などで活動した他、その後もさまざまな災害に出動しています。

● 広域災害救急医療情報システム（EMIS）

　広域災害救急医療情報システム（Emergency Medical Information System:EMIS）（イーミスと発音）は阪神・淡路大震災時に、病院同士の情報が全くわからず、また他府県や関係機関に情報を発信するツールが全くなかったという反省をもとに構築されたインターネット上のシステムです。EMISでは病院・行政機関・関係機関が災害時の情報を共有できることを目的につくられました。まず平常時に病院の機能やベッド数を入力しておき、災害時にはそれらの建物やライフラインの被害について緊急に入力、その後傷病者の受け入れ状況や、人員の不足の有無についても入力します。DMATの活動状況もこのシステムで掌握することができます。政府や関係機関は入力された情報を把握するとともに、EMISを通じて災害に必要な情報を発信します。EMISは災害時にインターネット環境が必要となること、災害拠点病院以外の医療機関が入力に精通していないことなどの課題もありますが、これらの課題は徐々に改善され、災害時の重要な情報ツールとなっています。

● 東日本大震災での活動

　2011年東日本大震災でも出動要請に応じて、全国のあらゆる地域からDMATが被災地に駆けつけました。災害医療センターの最終的な活動報告によると、派遣元の都道府県は47全都道府県で、活動したDMATチームは380チーム、活動隊員数は1,816名でした。これらDMATのうち遠方のDMATについては、自衛隊機を使ったDMAT輸送が行われました。またこの震災では日本で初めて自衛隊機を使った広域医療搬送活動が行なわれました（写真2.3.3-1）。

コミュニティ防災の基本と実践　**159**

写真2.3.3-1　自衛隊C1輸送機(左)と同機に搭乗するDMAT(右)(伊丹空港にて)

　一方、東日本大震災では避難所での健康問題が重要であることがわかりました。またEMISの入力が十分にされなかったことも問題でした。これらについて、DMATに急性期の医療が終わった後、避難所での健康問題などへも引き続き対応することが重要であることを教育するようになり、EMISでは、DMATなどが全ての病院について調査を行い、代わりに入力する代行入力のシステムが構築され、2016年熊本地震などに生かされました。

防災活動の進め方のヒントや参考資料
◇ 都道府県内の災害拠点病院を知ろう
　「○○県災害拠点病院」、「災害拠点病院一覧」で検索すると、自分の地域の災害拠点病院を知ることができます。
◇ 都道府県内で医療機関がどのように協力して傷病者の治療に当たるかを学ぼう
　「医療救護活動マニュアル」で検索すると、自分の地域の災害時の医療救護活動について詳しく知ることができます。
◇ DMATについてもっと詳しく学ぼう
　「DMATとは」で検索すると、複数のサイトが見つかりますが、下記のPDF(DMATについての解説)では、詳しい情報が得られます。
　　https://www.fdma.go.jp/html/intro/form/pdf/saigai_kyukyu_sagyo_h23/01/haifu_02.pdf
◇ EMISについてもっと詳しく学ぼう
　「広域災害救急医療情報システム」、「EMIS整備の経緯」で検索すると、EMISについて詳しい情報を見ることができます。

キーワード
災害拠点病院、DMAT、EMIS、トリアージ

第4話

がれきからの
救助の仕方を知る

　近年、発生の危険性が指摘されている、巨大地震による被害予測は過酷なもので、地震が発生した場合、多くの家屋が倒壊し、多数の人ががれきのなかに閉じ込められると予想されています（大阪市地域防災計画によると、上町断層帯地震の場合16万以上の建物が全壊）。身近にある物を使用して行える、がれきからの救助の仕方を学んでいきましょう。

ポイント

○ 安全を優先して行います

　特に救出活動中は、全員の目が救出場所の一点に集中しがちですので、全体に注意を払い、災害現場の安全管理を実施しましょう

○ 閉じ込められている人には、常に声をかけるなど、意識状態に注意を払いましょう

○ 隙間を広げるときは、閉じ込められている人が痛みを伴っていないかを確認しながら行いましょう

○ ジャッキやバールなどで隙間を広げるたびに、角材などを入れて、安全対策を講じましょう

※ ジャッキやバールは、収容避難所や可搬式ポンプ庫などに収納されていますが、車に積載されているジャッキを活用するなど、身の回りにある物で代用できる器材を常に考えておくことが大切です

コミュニティ防災の基本と実践　**161**

● **がれきに閉じ込められた人の救出**
① がれきに閉じ込められた人を見つけたら、周囲の安全を確認しながら近づき、声をかけ、意識状態やケガ、挟まれなどを確認します
② 救助活動に必要なジャッキやバールなどの資器材を準備します
③ 常に救助者と閉じ込められた人の周囲の状況に気を配りながら救助活動を実施します

● **がれき(重量物)の持ち上げ**
地震災害などの初期時においては、重機などの投入は、要救助者を傷つける恐れがあり、不向きです。また、投入自体が困難な場合がほとんどです。
重量物の持ち上げはバールとあて木を使用してテコの原理によって重量物を持ち上げる方法と、ジャッキを用いて行う方法があり、ただ単に持ち上げるだけではなく、重量物の重心をできるだけ正確に把握し、重量物の安定化と並行して確実に安定化させながら行わなければなりません。

1) 用手(バール)による重量物の持ち上げ
用手による重量物の持ち上げはバールとあて木を使用して、テコの原理で重量物を浮かせその間隙にあて木を差し込み積み上げていきます(図2.3.4-1)。ただし、操作する人は限界の力で持ち上げるのではなく、常に余裕の範囲内で行ってください。

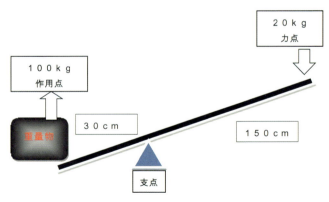

図2.3.4-1 作用点と力点

重量物を持ち上げるときは、できる限り周囲や上部にあるものを除去してください。その際には、その物によって安定が図られていることがあるので注意してください。また、バールを差し込む際には、コンクリートの剥離などを考慮して、バールの先端をしっかりと差し込んでください。

第4話　がれきからの救助の仕方を知る

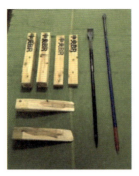

写真2.3.4-1 使用資器材

バールによる重量物の持ち上げ

使用資器材：バール、あて木、くさび

大バールを使用します（最大荷重500kg）。
支点としてあて木を使用します。

バール操作の正しい姿勢

バールに荷重をかけるときは、バールの跳ね返り、コンクリートの剥離によるバールの落下に注意し、バールの真下に足を置かないでください。

重量物を持ち上げるときは、バールを握りこむことなく、上体を被せて体重を預けるようなことはしないでください。常に緊急時に避けられる体勢で行ってください。

誤った姿勢	正しい姿勢

写真2.3.4-2 バール操作　誤った姿勢	写真2.3.4-3 　バール操作　正しい姿勢

> 支点（次項参照）をより重量物に寄せつつ、バールの端の高さが腰の位置になるように設定すれば、より大きな力を得られ、力が伝わりやすい

コミュニティ防災の基本と実践　**163**

支点の設定

　重量物を持ち上げるには支点が必要ですが、重量物の基底部と支点となるあて木の上面の高さの差が大きいと不安定になるので、重量物の基底部の高さに従って順次支点の高さも増していくように設定してください。支点の高さを増していく際は、支点が安定しているか十分注意しながら行ってください。

写真2.3.4-4　支点の設定

支点を高くするときは、底部の台を大きくして安定化を図る

写真2.3.4-5　重量物の持ち上げ

重量物を持ち上げる場合は、1人が最大限の力を発揮するのではなく、同時に複数の支点を作成し、余裕を持って持ち上げる

◆ 持ち上げるときの注意事項 ◆

・バールを握りこまない
・バール上に身体・顔面を乗せない
・作業中、重量物の下に身体を入れない
・急激な状況変化に対応できる体勢をとる（いつでも逃げることができる）
・亀裂の入った重量物は、持ち上げる際崩壊する危険性がある
・持ち上げる対面側には絶対に立たない（安全な距離をとる）
・自身の危害防止（特に腰部負傷）に留意する
・1人当たりにかかる重量は500kgまでとする

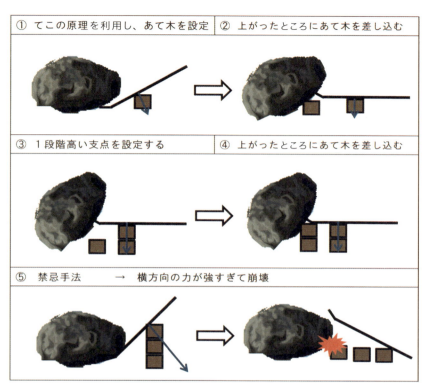

図2.3.4-2 バールを用いた持ち上げ方法

原則として支点となるあて木は3段以上積まない

　設定する支点の高さは、必ず差し込んだあて木の高さより1段階程度高いものにしてください。図2.3.4-2の⑤のように支点を不安定な状態で縦積みした場合や、重量物底部と支点上面の高さの差が大きければ、横方向への力が作用し不安定となり崩壊します。不安定な場所や、より高さが必要な場合は、安定度の高い大きな角材やコンクリートなどを支点として活用してください。

2）ジャッキによる重量物持ち上げ

ジャッキとは重量物を押し上げる装置で、ねじ、ラック、油圧などを用いて力を増大する方式がとられています。ねじジャッキは、ハンドルの回転運動を、傘歯車その他を介して上下の直線運動に変えて押し上げるもので、軽量、可搬式なので用途が広く、自動車用のパンダグラフジャッキがその一例になります。次に述べる油圧式のジャッキより力は弱いですが、乗用車などに積載され、軽量であるため、災害現場への持ち出しも容易です。油圧ジャッキは、ポンプにより圧力油をシリンダー内に送り込みラムを上下させるもので、比較的重い物を動かすのに用いられます（図2.3.4-3）。

図2.3.4-3　油圧ジャッキ各部の名称

ジャッキで重い物を持ち上げるとき、ジャッキの高さより空間が広い場合はしっかりした角材や板などを入れて調整します。また、持ち上げる物が壊れやすい物の場合は、上部に板などを入れます（図2.3.4-4）。

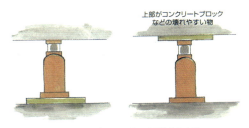

図2.3.4-4　ジャッキによる重量物持ち上げ

横方向にも使えますが、湯量の関係で揚程（ラムの伸びる長さ）は約70%（約80mm）になります（図2.3.4-5）。

- 隙間が狭く、ジャッキが入らないときは、バールや丈夫な棒状の物と角材などを使用してテコの原理で隙間を広げてからジャッキを入れます
- 隙間が広く、ジャッキが届かないときはしっかりとした板や角材などを使用してかさ上げします

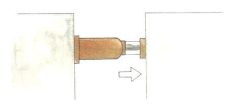

図2.3.4-5　横方向

第4話　がれきからの救助の仕方を知る

● 長時間の下敷きはクラッシュ症候群を疑う

　地震などによって倒壊したがれきなどの重量物に、四肢が圧迫を受けた状態が長時間にわたると、筋肉細胞が障害を起こし、ミオグロビンなどの毒性の高い物質が血中に混じり蓄積されます。その後救出活動により圧迫から解除され、血流が再開したとき毒素が急激に全身へ広がり、心臓の機能を悪化させます。たとえ一命を取り止めたとしても、その後腎臓にもダメージを受け、腎不全で亡くなってしまう場合もあります。救出直前まで会話可能であった傷病者が、救出後に心停止に陥ることがあります。これをクラッシュ症候群といいます。

　クラッシュ症候群は救出された直後は、症状が特にないケースが多く、重症でもわかりにくいため、見落とされる場合が多いです。以下にあてはまる場合は、クラッシュ症候群を疑って、医師を要請してください。

　・四肢の圧迫が1時間以上に及んでいる
　・知覚障害や、麻痺がある

防災活動の進め方のヒント

◇　実際にがれき救助の動画を見てみよう

　「倒壊物からの救出訓練」で検索すると長田消防署・長田消防団の動画、「自助！共助！市民が行える救出方法」で検索すると伊勢市役所の動画が見られます。

◇　近くの消防署などで「市民向けがれき救助訓練」を開催しているかを聞いてみよう

　自分の住む地域や職場・学校のある地域の消防署に問い合わせて、もし開催していたら、参加してみよう。

参考資料

救急救命士標準テキスト編集委員会編：「救急救命士標準テキスト」へるす出版、2015
大阪消防振興協会：「地域防災リーダー　研修テキスト　実践編」

キーワード

がれき救助、ジャッキ、バール、クラッシュ症候群

第5話

簡単な応急処置法を知る

　災害時にはけがをしても具合が悪くなっても、救急車がすぐには駆けつけられない場合があります。また、医療機関や救護所もけが人や病人が多く、すぐに処置を受けられないこともあります。このような場合、まずは自分たちで簡単な応急処置をして、専門的な処置が受けられる際に備えましょう。

　いざというときに役立つ応急処置法はいくつかありますが、ここでは災害時に多い出血や腕や脚の骨折の際の対処方法と心臓マッサージを取り上げます。これらは災害時だけでなく、普段の生活でも出合う可能性がありますので、いざというときに役立てられるようポイントを押えておきましょう。応急処置に使う包帯、ガーゼ、三角巾などは日頃から準備しておきたいものですが、準備をしていても災害時には持ち出せなかったり、数が足りなくなったりすることもあるでしょう。そこで、応急処置法のポイントとともに身近な物を使ってできる方法についても紹介します。

● **出血を止める対応：止血法（直接圧迫止血法）**

　災害時にはがれきなどでけがをし、出血することがしばしば起こります。一般に体の中を流れる血液（循環血液量）の20％以上が失われるとショック症状が表れ、40％以上では心停止の危険があります。出血がある場合には速やかに止血を図る必要があります。

　止血法には、直接圧迫止血法、間接圧迫止血法、止血帯を用いた止血法などがあります。基本になるのは、直接圧迫止血法です。この方法は、体の表面に見られるあらゆる部位からの出血に使えますが、頭や顔、四肢（腕・脚）など、奥に骨がある部位で特に効果的です。また、この方法は、一般の人でもポイントを押えれば簡単にできる止血法です。

コミュニティ防災の基本と実践　**169**

＜準備するもの＞
- 出血している傷口よりも大きい清潔なガーゼ（清潔なハンカチなどでも代用可）
- ビニール手袋（ない場合はレジ袋やラップフィルムでも代用可）

　処置をする人は血液に直接触れないようビニール手袋をつけて行います。ビニール手袋がない場合には、レジ袋などを使っても構いません。写真2.3.5-1のように、ガーゼやハンカチを直接出血している部分に当て、手のひらを強く押しつけるようにして圧迫します。このとき、傷口を心臓より高い位置に上げることで止血効果が高まります。包帯や三角巾などがある場合は、ガーゼ・ハンカチの上から強く巻いて圧迫させます。

写真2.3.5-1　止血法

● 四肢（腕・脚）を骨折したときの対応：固定

　骨折には開放骨折と非開放骨折があります。開放骨折とは、折れた骨が外に飛び出してしまっている状態の骨折のことです。非開放骨折は、折れた骨を直接目で確認することはできませんが、激しい痛みがあったり、痛みのある周辺が腫れていたり、変形していたり、触ってみると骨がずれていたりしているので骨折とわかります。

　骨折のときの応急処置は、固定です。折れているかどうかはっきりしない場合でも、痛みや腫れがある場合には、骨折しているものとして固定をします。固定をすることで痛みを和らげ、折れた部分が動くことによるけがの悪化などを防ぐことができます。

＜準備するもの＞
- そえ木／副木／副子（強度のある棒状のもの、傘、雑誌、段ボールなどでも代用可）
  ＊折れた箇所の上下の関節まで届く長さのものを用意する
- タオル
- 固定用の布／ヒモ（ネクタイやスカーフでも代用可）
- 腕を吊るための三角巾（ストール、タオル、レジ袋でも代用可）

1. そえ木を準備します。そえ木が直接肌に当たらないようにタオルなどでカバーしておくとよいでしょう
2. 骨折している所に1で準備したそえ木を当てます
3. そえ木が動かないように、ヒモ状のもので結んで固定します。このとき、折れているところの真上は避けて、その上下を固定します

❖ 前腕の骨折の場合
- 親指は上に向けて固定します
- 固定用の布（ヒモ）を親指の根元にかけるとしっかり固定できます
- 骨折部位の上下2か所程度で固定しますが、先に指側を固定し、次に肘側を固定します
- そえ木で固定した腕を三角巾で首から吊り下げ、さらに、その腕を体にぴったりとつけてヒモなどで固定します
- 三角巾がない場合は、レジ袋を使って首から吊り下げることもできます

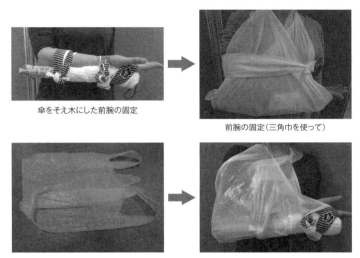

傘をそえ木にした前腕の固定　　前腕の固定（三角巾を使って）

レジ袋を使って固定した腕を吊る方法
写真2.3.5-2　前腕骨折の固定

❖ 脚（下腿：膝～足首の間）の骨折の場合
- 膝～足首に届く長さのそえ木を用意し、脚の両側からそえ木を当てます。
- 固定用の布（ヒモ）で骨折部位の上下2か所ずつを交互に結び固定します。

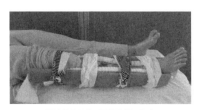

写真2.3.5-3　下腿骨折の固定

❖ 脚（大腿：脚の付け根～膝）の骨折の場合
- 脚の両側からそえ木を当てます。内側のそえ木は、脚の付け根から足首の長さ、外側のそえ木は胸の辺りから足首に届く長さのものを用意します。

第3章

・ そえ木を当て、骨折部位の上（脚の付け根の下）、ひざ、腰、胸、足首の部分を固定。

＜注意点＞

❖ 傷口から出血がある場合は、まずは止血の処置をします
❖ 開放骨折で骨が飛び出ている場合には、傷口を洗ったり、飛び出た骨をもとに収めようとしたりしないで、清潔なガーゼなどを傷口に厚めに当てておきます
❖ 固定が強すぎると血の巡りが悪くなってしまうのでよくありません。固定後は、固定した部位より先の手指や足指の血の巡りが悪くなっていないか確認しましょう

● 意識がなく倒れている人を発見したときの対応：心臓マッサージ／心肺蘇生

　人が突然倒れ意識をなくした場合、心臓あるいは脳に何らかの異常が起きていることが考えられます。一刻も早く医療機関に運び、救命処置が必要となりますが、災害時には救急車を要請してもすぐには来てくれません。また、通常でも119番通報してから救急車が現場に到着するまでに平均9分程度かかっています。救急車が到着するまでに、周りの人にできることは、心臓マッサージ（胸骨圧迫）です。

　救急車が到着するのをただ待つだけでは、救命の可能性はどんどん低くなっていきます。突然心臓が停止してしまった場合に、救急車を要請し直ちに心臓マッサージが行われた場合と心臓マッサージが行われなかった場合とでは、救命率に倍の違いがあると報告されています。また、最近さまざまな場所で目にするようになったAED（自動体外式除細動器）を用いた電気ショックが行われた場合にはさらに救命率が上がります。訓練を受けていなければとっさに冷静に対応することは難しいかもしれませんが、心肺蘇生が行われることでいのちの助かる可能性が高まります。

＜心肺蘇生の手順＞

　倒れている人を発見したら、

1. 安全確認・確保

・ 周りを見回し、自分の安全を確認してその人に近付く

2. 反応の確認と応援要請

・ 軽く肩をたたきながら大声で「大丈夫ですか」、「わかりますか」などと呼びかける

反応がなければ

・ 大声を出して周りの人に気付いてもらい、応援（「誰か来てください」、「救急車を呼んでください」、「AEDを持って来てください」など）を求める

3. 呼吸の確認

・ 胸やお腹の動きを見て、呼吸をしているかどうかを確認する

4. 心臓マッサージの開始

呼吸をしていなければ心停止と判断

　異常な呼吸をしている、呼吸をしているかどうかわからない場合も心停止と見なし、直ちに、心臓マッサージを開始する

① 両膝を肩幅に開き、膝をついて自分の体を支える体勢を取る

② 胸の真ん中（胸骨の下半分）に片方の手の手掌基底部（手のひらの下の方の厚みがある部分）を当て、その上からもう片方の手を重ね、下になった手をつかむように指を挟み込む

③ 肘はまっすぐ伸ばして体重をかけて胸骨を垂直に下に押すように圧迫する。圧迫したらすぐに力を緩め、胸をもとの位置まで戻す。これを繰り返す

心臓マッサージのポイント

Ａ）強く：圧迫したとき、胸骨が約5センチしずむ強さ

Ｂ）速く：1分間に100回の速さ

Ｃ）絶え間なく

5. AEDの装着

AEDが到着したら

① AEDの電源を入れ、音声メッセージに従って装着準備をする

② 衣服を除いて胸をはだけ、AEDのパッドをイラストに描かれている場所に貼る

③ パッドのコネクターを本体に接続する

④ AEDによる心電図の解析が開始されたら、心臓マッサージを一時中断し傷病者から離れる

⑤ 心電図の解析の結果、電気ショックが必要かどうか、音声メッセージが流れる

電気ショックが必要な場合

⑥ 充電が開始される。充電中は傷病者から離れる

⑦ 充電が完了したら、周りの人が傷病者から離れていることを確認し、ショックボタンを押す

6. 心臓マッサージの再開

・ 電気ショックが不要の場合、及び電気ショックが実施された後は、直ちに、胸骨圧迫を再開する

＜注意点＞

❖ AEDは2分ごとに自動で心電図の解析を行うため、AEDの電源は入れたままパットも装着したままにしておく

❖ 胸骨圧迫は、次の状況になるまで<u>止めずに続ける</u>

　ア）普段通りの呼吸が開始する、意識が戻る

　イ）救急隊が到着して傷病者を引き渡す

　ウ）救助者に危険が迫り救助活動を続けられなくなる

いざというときに簡単な応急処置ができるための準備

◇ **応急処置に使えるものを避難袋に入れておきましょう**

　災害に備えて避難袋を準備しておくことが推奨されています。避難袋の中に、三角巾やガーゼ、タオル、ビニール手袋など応急処置で使えるものも入れておくと、慌てて物を探さずに済みますので、必要な処置に素早く取りかかることができるでしょう。

◇ **防災訓練に応急処置を取り入れて練習しておきましょう**

　いざというときに適切に応急処置ができるためには、練習しておくことが必要です。自治会や地域の防災訓練に応急処置法の練習も取り入れてみてはどうでしょう。その際、参加者に自宅から骨折の固定に使うそえ木になると思うものをいろいろと持ち寄ってもらい、使いやすさ、固定のしやすさなどを試しておくと、いざというときに役に立つことでしょう。

◇ **応急処置法の研修会に参加しましょう**

　市町村や消防署、日本赤十字社、NPOなどが一般の人を対象にした応急処置法の研修会を開催していることがあります。このような研修会に参加して応急処置法を学んでおくのもよいでしょう。また、研修会が近くで実施されていない場合などは、インターネットで応急処置法が紹介されているサイトを参考にするのもよいでしょう。応急処置法が動画で紹介されているサイトもあり、学びやすくなっています。

参考資料

総務省消防庁：一般市民向け応急手当WEB講習

総務省消防庁：応急手当の基礎知識

日本赤十字社：救急法等の講習

日本救急医学会：市民のための心肺蘇生

一般社団法人日本蘇生協議会：「JRC蘇生ガイドライン2015」医学書院、2016

キーワード

応急処置法、止血法、骨折固定、心肺蘇生、心臓マッサージ、AED

第6話

負傷者の搬送方法を知る

　災害時は負傷者の数が救護者の数を大きく上回ることがあります。少ない人数で効率よく搬送するには、人力だけによる搬送方法、あるものを利用して搬送する方法があります。

　傷病者を動かしたり、運んだりすることは、どんな場合にもある程度の危険を伴います。どんなに慎重に運んでも、必ず動揺を与えることになるからです。

　傷病者の搬送は、非常に重要です。搬送の方法を誤って悪い結果にならないように、現場の状況や環境、傷病者の状態、負傷部位などを把握して正しい方法を選択することが必要です。

● 準備

　搬送する前に、傷病者に対する手当てが完了しているか、担架は安全・適切につくられているか、搬送を担当できる人数とそれぞれの役割、搬送先・経路とその安全性について確認をしておくことが大切です。

● 徒手搬送

　災害時は搬送に用いる資機材が不足したり、搬送用の資器材が傷病者の近くに配置できない場合があります。そのようなときに、傷病により自力で移動することのできない人を、道具を使わずに人力で搬送する方法を紹介します。

1）1人搬送

【意識があり傷病者の介助があれば歩行できる場合】

支持搬送

　負傷を負った足側に寄り添い、松葉杖的な役割を果たします（写真2.3.6-1）。

コミュニティ防災の基本と実践　**175**

背負い搬送(バックストラップ)
　傷病者を比較的長い距離搬送する場合に行う方法で、両腕を交差、または平行にさせて両手をしっかり持って搬送します(図2.3.6-1)。

写真2.3.6-1　支持搬送

図2.3.6-1　背負い搬送(バックストラップ)

【傷病者が全く自力で動けない場合】
前屈搬送
　傷病者の背部から、脇の下に手を入れ、抱きかかえるようにして起こし、両手で傷病者の片方または両方の前腕をしっかり持って腰をつり上げるようにして移動させます(図2.3.6-2)。
　傷病者の胸腹部を圧迫することがないよう注意してください。

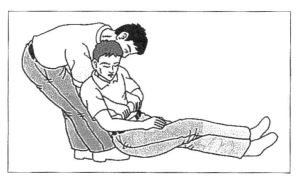
図2.3.6-2　前屈搬送

2）2人搬送

徒手搬送では人数が多い方が負担も少なく、バリエーションが増えて安全に搬送することができます。

ここでは2人で搬送する方法を紹介します（図2.3.6-3）。

① （頭側：図左）上体を起こして両手で要救助者の前腕を握る
② （足側：図右）両足を重ねるように揃えて抱える
③ 両方の準備ができたら、後ろ側の人が号令をかけ、抱え上げる

図2.3.6-3　2人で抱えて搬送する方法

● 棒と毛布を用いた簡易担架による搬送

準備するもの：毛布（丈夫な上・下の衣類で代用もできます）
　　　　　　　棒2本（物干し竿など丈夫で長い棒）

① 毛布を広げ、長い方の幅を3等分する位置に棒を置きます

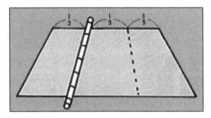

② 短い方の毛布を棒を軸に折り返します

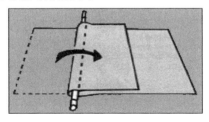

③ 折り返された毛布の端に、もう1本の棒を置き、その棒を折り込むように残りの毛布を折り返して、端をさらに折り込んで完成です
※ 折り返し部分の毛布には十分余裕をとりましょう
※ 傷病者の身長によっては、毛布を2枚使うようにしましょう

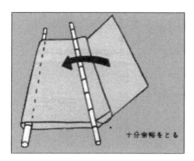
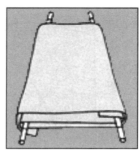

● **毛布を用いた簡易担架による搬送**
① 毛布を広げて置きます（ブルーシートでも可）
② 毛布の両端（縦）を中心に向かって固く巻き、中央部は傷病者を収容する幅だけ（50cmで十分）残します
③ 4人以上（中央がたわむので6人が理想的）で丸めた毛布の端を持って搬送します
※ 力の弱い人（女性や高齢の方等）は、周囲に呼びかけ、十分な人数で協力し搬送するようにします

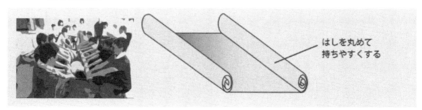

● いすを用いた簡易担架による搬送
　① 傷病者は、三角巾または帯などでいすに固定するようにし、2人または3人で搬送します（図2.3.6-4）
　② 2人で搬送する場合は、傷病者の頸部が前屈しないように気道の確保に注意します
　③ お互いに歩調を合わせ、傷病者に動揺を与えないようにしましょう

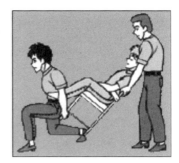

図2.3.6-4　いすを利用した搬送

防災活動の進め方のヒント

◇ <u>動画やアニメを見て搬送訓練をしよう</u>

　「日本赤十字　救急法　動画」で検索すると、ここで紹介した搬送方法について、日本赤十字社東京都支部の動画を見ることができます。

　大阪市消防局「ボジョレーに教わる救命ノート」のWebサイトでは、災害時のファーストエイドについてアニメで学ぶことができます。

◇ <u>避難所で搬送に使える物品を確認しよう</u>

　避難所や自宅で、車いす、担架、毛布、物干し竿、いすなど、身の回りにある搬送に利用できるものを確認しておきましょう。

参考資料
救急隊員用教本作成委員会編：「救急隊員標準テキスト」へるす出版、2013

キーワード
負傷者搬送、徒手搬送、簡易担架、毛布担架、いす搬送

第7話

避難に関する
情報の収集・伝達を知る

　避難に関する情報には『避難準備・高齢者等避難開始』、『避難勧告』、『避難指示（緊急）』があり、皆さんが住んでいる市町村から発令されます。『避難準備・高齢者等避難開始』は避難勧告や避難指示（緊急）を発令することが予想される場合に、『避難勧告』は災害による被害が予想され、人的被害が発生する可能性が高まった場合に、『避難指示（緊急）』は、災害が発生するなど状況がさらに悪化し、人的被害の危険性が非常に高まった場合に発令されます。

　たとえ避難情報が発令されても、その情報を確実に受け取り、適切に活用しなければ、いのちを守ることにつながりません。

　ここでは避難に関する情報にはどのようなものがあるのか理解を深めて、その情報をどのように収集・伝達して活用すればよいのか考えてみましょう。

● 避難に関する情報

　皆さんが住んでいる市町村より『避難準備・高齢者等避難開始』が発令された場合、避難に時間を要する人（高齢者、障がい者、乳幼児等）とその支援者は避難を開始し、その他の人は、避難の準備を整えます。『避難勧告』の場合は速やかに避難場所へ避難しますが、外出することでかえって命に危険が及ぶような状況では、近くの安全な場所への避難や、自宅内のより安全な場所に避難します。『避難指示（緊急）』の場合、まだ避難していない人は、緊急に避難場所へ避難しますが、避難勧告の場合と同様に外出することでかえって命に危険が及ぶような状況では、近くの安全な場所への避難や、自宅内のより安全な場所に避難します。

　これらの避難情報は、必ずしもこの順番で発令されるとは限りません。たとえばゲリラ豪雨のような局地的大雨の場合、早めに『避難勧告』を発令することはとても難しいといわれています。また『避難勧告』、『避難指示（緊急）』には強制力がありませんが、これらの情報が発令されていなくても、身の危険を感じる場合は避難を開始して「自分のいのちを守る」ことも大切です。

コミュニティ防災の基本と実践　**181**

第3章

● 避難に関する情報の収集・伝達

　避難勧告等を発令する目的は、地域住民の迅速かつ円滑な避難行動を実現して、災害による人的被害を軽減することにあります。地域住民への避難に関する情報は、防災行政無線（県及び市町村が「地域防災計画」に基づき、それぞれの地域における防災、応急救助、災害復旧に関する業務に使用することを主な目的として使用する無線）や広報車・消防車両によるアナウンス、携帯電話メールの配信、役場ホームページへの掲載、コミュニティ放送の利用、自主防災組織（地区・自治会）の会長や事前登録されている企業等へはFAXや電話によって伝達されます。また、災害時要援護者及び災害時要援護者の支援者として事前登録している人にもFAXや電話で伝達されますし、自動起動ラジオ

写真2.3.7-1　防災行政無線（パンザマスト）での放送
（高槻市HP「防災訓練」より）

を導入している自治体もあります。伝達の手段は地域の特性（都市部なのか、農村地域なのか、携帯電話普及の程度、日中の在宅率、人々のつながりなど）によっても異なります。

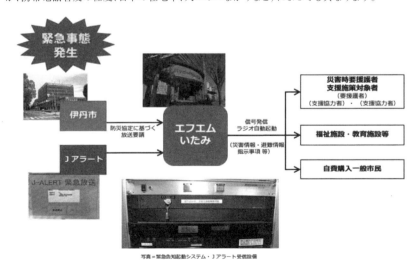

図2.3.7-1　災害時要援護者支援施策としての自動起動ラジオ（兵庫県伊丹市）
（「コミュニティ放送等を活用した自動起動ラジオ地域事例集」より）

第7話 避難に関する情報の収集・伝達を知る

図2.3.7-2 緊急速報メールの配信イメージ
（気象庁「緊急速報メールの配信について」より）

　情報伝達の方法だけでなく、地域にどのような災害リスクがあるのか、どのような状況のときにどのように判断し、どのような行動を取るのかも併せて理解した上で、避難行動につなげられるようにすることが大切です。

適切な避難につなげる情報収集・伝達のために
◇ **住んでいる市町村から発令される避難情報について確認しましょう**
　皆さんの住んでいる地域にはどのような災害リスクがあり、どのような避難情報が発令される可能性がありますか。地域の特性と併せて発令される避難情報について確認しましょう。
◇ **住んでいる市町村ではどのように避難情報が伝達されるのか確認しましょう**
　住んでいる地域で用いられている避難情報の伝達手段について調べましょう。さらに、なぜそのような伝達手段を用いるのか、地域の特性と併せて考えましょう。そして発信者として自分にできることを考えてみてください。

参考資料
内閣府：防災情報のページ、避難勧告等に関するガイドライン①（避難行動・情報伝達編）
集中豪雨時等における情報伝達及び高齢者等の避難支援に関する検討会：避難勧告等の判断・伝達マニュアル作成ガイドライン
総務省情報流通行政局 衛星・地域放送課 地域放送推進室：コミュニティ放送等を活用した自動起動ラジオ地域事例集
国土交通省気象庁：緊急速報メールの配信について

コミュニティ防災の基本と実践　183

第3章

キーワード

避難準備・高齢者等避難開始、避難指示（緊急）、地域の災害リスクと情報発信

第4章

いのちを繋ぐ術を知る
（避難生活）

　被災直後から避難生活では、それまでの生活を形づくっていたものの多くを失い、さまざまなものが欠けた状態での生活が続きます。そうした中で、災害から生き延びたいのちを繋いでいくには、食事や自分でできるケアなどの工夫、配慮が必要な方への対応、こころの問題などについて知っていることが大切です。

　この章では、避難生活に必要な知識について学び、さらに、被災者の生活再建支援についても取り上げます。日常生活の中では、あまり意識されることがなかったとしても、災害時にはコミュニティの意義が再発見・再評価されることが多くあります。より災害に強いコミュニティづくりのために、自分たちの地域でも避難生活について考えてみましょう。

第1話

避難所の設営の仕方と
運営を知る

　災害が起こると、自宅が被害を受けた人をはじめ、余震の被害を避けるためなど、さまざまな理由で多くの人々は避難所に向かいます。全国の市町村では、公立の小中学校や公的施設が指定避難所となります。また、1995年阪神・淡路大震災や2016年熊本地震でもそうでしたが、指定避難所以外の公共施設や地域施設に多くの人が避難することもあります。

　避難所は、家を失った、自宅の被害が大きい避難者だけでなく、余震が不安な人や一人でいるのが不安な高齢者等も多く生活します。加えて、自宅で生活していても、水や電気などが止まり、食料が店舗にない時期では、在宅避難者も食料を取りに来たりトイレや情報収集のために立ち寄ったりします。避難所の運営は、行政や施設管理者も担いますが、地域住民が主体となることが求められます。また、避難所の環境が劣悪であったり、体調が不良な人への対応が不足していると、避難生活のなかで死者が出たり（災害関連死）することもあります。

　それでは、安心した避難生活を送るには、どのようなことに気をつけたらよいのでしょうか？事前に備えておくべきことは何でしょうか？

　ここでは、避難所の運営と情報共有に着目して、災害から生き延びた人々の避難生活について考えてみましょう。

● 避難所の種類

　避難所は、一般的に公立の小中学校の体育館が多く指定されます（指定避難所）。自治体によっては、一部の公共施設や地域の集会所などが指定されることもあります。ただし、災害が起こると、指定避難所だけでは収容できなかったり、津波や土砂崩れで地域が孤立してしまったなどの理由で、指定以外の施設などにも多くの被災者が訪れることがあり、事実上の避難所となります。ただし、これらの指定外避難所を行政が把握して、物資などの支援が供給されるのには、多少の時間がかかることがあります。たとえば、熊本地震では、熊本市で、事前に指定し

コミュニティ防災の基本と実践　**187**

た避難所以外にも多くの人が生活していました（図2.4.1-1）。

　また、災害時要配慮者（高齢者・障がい者・妊婦・子ども等）のうち、指定避難所・指定外避難所の環境では、生活するのが難しい方（とその家族）については、主に巡回する看護師や行政職員等の判断により、福祉避難所に移って生活することがあります。福祉避難所は、高齢者施設（特別養護老人ホーム、老人保健施設、デイケアセンターなど）や障がい者施設、地域保健関連施設などのなかから、自治体と当該法人などで協定を結んで指定されます。福祉避難所は、現時点では、避難者本人の判断で直接行く場所ではありません。ただし、視覚障がい者や聴覚障がい者等の情報弱者でどのような支援が必要か明確な場合など、事前に準備しておき、指定された避難所に行くことも必要であるという議論もあります。また、福祉避難所ではなく、一般の避難所でも、体育館の一角や保健室などを「福祉スペース」とし、段ボールベッドや簡易ベッド、ポータブルトイレなどを用意し、高齢者等に対し、必要な対応やよりよい環境で避難生活を送れるようにすることが一般的になりつつあります。

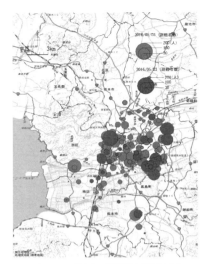

図2.4.1-1　熊本市の避難所と被災者の分布

写真2.4.1-1　福祉避難所の様子（南三陸町）

● 被災後の住民生活の拠点としての避難所

　都市部での災害では、高層マンションや団地など、建物に大きな被害がなくてもライフラインやエレベーターが止まり、周囲の店舗で食料を購入することが困難になるなど、日中は、自宅の他、当該建物の集会室などや避難所に滞在し夜は自宅に戻る世帯なども多くなります。これらの人々は、情報や物資の入手、仮設トイレの使用などが避難所に来る主な目的となることも多いのです。被災後の避難所では、これらの人々の分も対象として物資などの仕分けなどを行うのですが、被災後の混乱のなかで、自宅を失った避難所生活者とこれらの人々で、避難所の使用や物資の配分などで議論になることも多く、災害前から、地域で「避難所は災害後の地域拠点として、宿泊者以外の支援も行う場所である」という共通認識を持ち、加えて外部からの物資やボラン

ティアや医療支援の受け入れなども含めた地域の拠点としてのコーディネート機能を持つと同時に、このような避難所に寝泊まりしない住民も積極的に避難所運営に関わることが重要です。

● 避難所の設営

避難所の開設については、小中学校の場合、施設管理者である学校長や教員が鍵を持っているだけでなく、行政職員のうち災害後避難所に向かう担当の職員や、地域の避難所運営協議会の役員が鍵を持っている場合も多くあります。

また、避難所を開設するときは、被災者に入ってもらう前に、あらかじめ通路を確保し、たとえば自治会ごとにまとまって座れるように、避難所の運営協議会などで、事前にルールや開設の段取りを決めて訓練をしておくことが大切です。また、避難者を受け入れる際に、避難者名簿を早期につくれるように、住民の名簿（特に、高齢者等の要配慮者の名簿）を整備しておくことが望ましいです。ただし、2011年東日本大震災では、津波で名簿が流されたり、避難で混乱していて名簿が活用された例は多くありませんでした。そこで、避難所では、避難者が名簿を作成するとともに、壁に名前を書いた紙を張り出して、安否確認などで訪れた親族や知人にわかるようにしていました。

写真2.4.1-2　避難所の運営本部

写真2.4.1-3　混雑した避難所の様子

● 避難所の運営

避難所では、避難所の代表者や副代表者、近隣などで班をつくりその班長、各係（たとえば、物資班、炊き出し班、救護衛生班、情報連絡班、庶務班など）のリーダーや、各避難所を担当する行政職員、応援職員等が、定期的（毎朝など）に集まって、情報共有や運営に関するミーティングを行います。それ以外にも、地域性や被害状況によっても異なりますが、避難住民は、生活水や井

写真2.4.1-4　土足のままの避難生活

戸の水汲み、孤立した集落の場合は道路啓開、人命救助・捜索、外部支援が届かない初期の段階では、地域内や近隣地域からの物資調達なども行われることもあります。

避難所では、高齢者等の災害時要配慮者へのケアとともに、長期避難になることもふまえ、プライバシーへの配慮や、インフルエンザや食中毒の蔓延を防止するための衛生管理などが必要で、そのために、保健師等が避難環境のチェックリストを作成し、改善活動を行うことが重要となります。

避難所内では、仮設トイレの数や場所や種類（足腰の悪い人等への対応）、女性や子どもへの配慮（更衣室・授乳室などの空間の確保や子どもの遊び場など）、プライバシーの確保（パーテーションの有無や高さ、洗濯干し場所など）、寒さ暑さ対策、衛生・保健（土足厳禁、医療スタッフや健康相談の場所）、本部やミーティングの場所、物資管理空間、情報掲示方法などの検討が必要となってきます。

また、ダンボールベッドや畳床を活用した要支援者の福祉スペース・福祉避難所で必要な介護用品、外傷だけでなく、慢性疾患患者への薬、食物アレルギー対応の食事など、多様なニーズに合った設備・物資の準備、ニーズの洗い出しなどが必要です。

● 要配慮者への対応

災害発生時に、高齢者や障がい者が被災したまちのなかを避難したり、日常の医療や福祉サービスが低下するなかで、長期間、避難生活を強いられる可能性があります。どのような支援があり、どのように行動したらよいのでしょうか。

災害時に特に支援が必要となる人（要介護高齢者、障がい者、乳幼児、妊婦、病者等）を、「災害時

写真2.4.1-5　区画された避難所の様子

写真2.4.1-6　子どもの遊びスペース

写真2.4.1-7
支援物資の子ども服はサイズごとに整理

写真2.4.1-8　医療・福祉スペース

要配慮者」と定め、都道府県や市町村が必要な対応をすすめています。避難については、要配慮者のうち避難時にサポートが必要な人を「避難行動要支援者」とし名簿を作成し、情報の伝え方の工夫をすすめています。一般の避難所などでの生活が困難な人は多くいるので、あらかじめ市町村と協定を結んでいる老人福祉施設や障がい者施設などに福祉避難所が設置されます。

災害直後の水道が止まっているときに大きな問題になるのは、トイレです。食料・水とともに携帯トイレなど（洋便器にかけられるビニールと凝固剤・消毒剤のセット）の備蓄が重要です。また、高齢者等には、避難所の自分の場所からトイレの動線も大切で、阪神・淡路大震災では、避難所に通路などが少なく他人を踏まないように歩くのが大変で、かつ、仮設トイレは段差があり和式が多く、トイレの回数を減らすため水分を控え、体調を崩すなどの問題もありました。

また、最近は、ダンボールベッドやパーテーションなどを扱う民間業者と自治体間で災害時の協定を結び供給する例も増えてきています。加えて、障がい者が避難所で暮らすためにさまざまな工夫が必要です。たとえば、視覚障がい者は、広い体育館のなかでは壁ぎわ以外は自分の位置がわからないため入り口付近やコーナーに座れるようにしたり、聴覚障がい者は、食事などの配布を掲示板や壁に重要な情報を書いて掲示するなどです。また、発達障がいのある子どもが混雑する避難所という非日常的な空間で混乱し大声を出したり、狭い空間が落ち着く自閉症の人が大勢の人と避難所の大空間で過ごすのが苦痛で避難所にいられなくなるという例が多く報告されています。それらの教訓をふまえ

写真2.4.1-9　仮設洋式トイレ

写真2.4.1-10　トイレ内の手指消毒促進の張り紙

写真2.4.1-11　段ボールベッド

て、避難所内に要配慮者のための福祉コーナーを設けてスタッフを配置したり、教室などの小空間を提供するなどが必要です。障がい者団体では、災害時のマニュアルや、他の人に状況を伝えるツールなどを作成して工夫しています。

● **避難所での情報収集と共有**

避難所では、誰が避難してきているか、避難者の体調なども含め、避難者リストを作成します。物資の配給の数や、アレルギー食などの特別なニーズへの対応、巡回している医療チームへ情報をつなげるなどのさまざまな活動の基礎情報となります。ただし、災害直後の混乱しているところでこれらの名簿をつくるのは難しいときもあります。また、避難所の校庭などで車中泊をする人や、余震の恐怖で夜だけ避難所に来る人等もいるの

写真2.4.1-12　避難所の掲示板

で、実態を把握することが困難なときもあります。東日本大震災のときは、まずは避難してきている人が壁に貼った紙にそれぞれ名前を書くことで、安否を心配して訪ねてきた人が確認できました。また、安否確認については、被災地内外のインターネット経由でも、たとえばGoogleパーソンファインダーや、スマートフォンから操作できる災害用伝言板サービスなども使用されます。

各避難所では、行政や支援団体からのお知らせが掲示板などに貼られます（写真2.4.1-12）。内容は、炊き出しの時間や内容といったものから、時間が経つにつれ、仮住まいなど被災者支援に関する情報や相談窓口情報などに変化していきます。また、視覚や聴覚などの障がいのある方が避難者にいることも想定して、文字での掲示、アナウンスなどの音声での情報伝達など、複数の方法で伝えることが重要です。

各避難所での運営に関連する情報は、多くの避難所で1日1〜2回程度の定時のミーティングで共有されます。このミーティングでは、避難所の係の責任者や自治会長やPTA、消防団等、避難所を運営する役割を担う人たち等や支援団体のメンバーや担当の行政職員等で行われます。ミーティングが男性ばかりになってしまうことが往々にしてありますが、女性や子どもに必要な物資や避難環境の配慮、必要な支援物資など、女性の視点も含めて情報が共有されることが重要です。

また、持病がある避難者や避難所での生活に手助けが必要な人、インフルエンザなどの流行病の疑いのある人等の情報を、運営する役員等で共有し、支援団体や巡回・滞在している医療スタッフ等につなげていくことが重要になってきます。写真2.4.1-13は、熊本地震時の熊本市

内の避難所において、被災した熊本市民病院の看護師が、避難所の避難者で支援が必要な人の情報を記録し、対応していった様子です。

写真2.4.1-13　避難所での要配慮者に関する情報共有

地域で避難所の設営・運営を行うための事前準備

◇ **自分たちが避難する施設は、どの地区の人たちが避難してくるのか確認しましょう**

　皆さんが災害時に避難する避難所はどこでしょうか？ 学区とは違うこともありますし、複数の自治会のエリアであることも多いです。避難所の運営は、これらの地区の人々と一緒に行うので、避難所ごとに地区の役員等や学校教職員、PTA等で協議会などを結成し、年に何度かは顔を合わせ、訓練を行ったり、備蓄物資の確認をしたり、地域性に合わせたそれぞれの避難所の運営ルールを話し合い、いざというときに協力しやすい関係をつくっておきましょう。

◇ **災害の種類によって、避難する避難所が異なることもあります。それぞれ、避難経路を確認し合いましょう**

　避難所やその周辺、アクセス路の海抜が低かったり、津波の危険性が高い、がけ崩れの危険性が高いなどの理由で、災害の種類や津波の有無によって、避難する場所（一時避難場所）や避難所が異なる場合があります。皆さんの自治体のハザードマップに記載されていることが多いので確認してみましょう。

◇ **避難所を実際に見学してみましょう。車いすを使用する方、小さな子どもがいる人等、多様な人々が使いやすいかどうか、チェックしてみましょう**

　訓練などの機会に、避難所の施設を実際に見学してみましょう。特に、施設の入り口から避難所となる体育館などへのアクセス、避難者が実際に使用するトイレなどが、車いすの方と介助者が通れそうか、利用できそうか、段差がないか、場所がわかりにくく

写真2.4.1-14　避難所の段差チェック

コミュニティ防災の基本と実践　　**193**

ないかなどをチェックしてみましょう。できれば、実際に車いすを利用している方や障がいのある方に参加してもらい、意見を聞いてみるとよいでしょう。

◇ **さまざまな人が利用することを念頭に、避難所運営訓練をしてみましょう**

　地域で避難訓練や安否確認・避難所開設訓練をしているところは多いかと思いますが、実際に避難所で生活することを念頭にして、役割分担や避難所空間の区分け、要援護者への対応などを想像して疑似体験する訓練をしてみましょう。たとえば避難所運営ゲーム（HUG）を、実際の避難所で、ロールプレイ形式で行うことなどもイメージが共有できてよいと思います。避難所は学校が多いので、子どもやその親が多く参加できるような企画を立てるとよいでしょう。

参考資料

内閣府：「福祉避難所の確保・運営ガイドライン」2016、「地域主役の避難所開設・運営訓練ヒント集」2013

陸前高田市：「避難所運営マニュアル」2015

大阪市：「避難所開設・運営マニュアル」2014

防災教育チャレンジプランホームページ

キーワード

避難所運営、災害時要配慮者、在宅避難、情報共有

第2話

避難生活での食事を考える

　災害後は、当然のように使用していた「電気」、「ガス」、「水道」、「通信設備（電話・ネット）」、「物流機関」などのライフラインが使用できなくなり、食事、排泄、睡眠など、通常の生活が一瞬にして奪われてしまいます。また、乳幼児から高齢者まで疾病の有無にかかわらず容赦なく避難生活を余儀なくされます。

　日本は1995年の阪神・淡路大震災をはじめ、2016年熊本地震など、多くの震災を体験しました。その体験をもとにガイドラインなど[1)-5)]が作成され、避難生活を乗り切るには「自助」、「共助」、「公助」が必要とされています。実際には地域の栄養士や日本栄養士会災害支援チーム（JDA-DAT）やボランティアによる支援活動が行われますが、災害後、私たちはどのように避難生活を送ればよいのか、「食事」について考えてみましょう。

● 各フェイズの状況と食生活の問題点から学ぶ

　災害後は時間経過とともに状況が変化していきます。これをフェイズと称し、0～3の4段階に区切られています。ガイドラインなど[1)-5)]によりそれぞれの状況を把握することで食生活の問題点が抽出され、これらを参考に避難所での食生活について検討してみました（表2.4.2-1）。

1）水分補給を心がけましょう

　食物を摂取すると排泄されるため、「飲食」と「排泄」は併用して対応しなければなりません。避難生活はさまざまな理由で、「排泄設備」が不十分となり、排泄を減らすために飲水を減らすことを考えます。しかし、それは「脱水症」、「エコノミークラス症候群」、「便秘」などを引き起こすことにつながります。脱水症の初期症状は、喉の渇き、大量の汗、疲労感、手足の冷え、軽い立ちくらみ、重症では意識障害やけいれんを起こします。脱水症を起こさないためにも、少しでも体調不良があれば、医師や周りの人に知らせることも必要です。

コミュニティ防災の基本と実践　**195**

表 2.4.2-1 各フェイズにおける食生活の状況と問題・注意点及び対応策

フェイズ	食生活などの状況	問題及び注意点	今後の対応策
フェイズ0 （震災発生から 24時間以内）	・水、食料は「自助」で賄う ・最低限のエネルギー、水分を確保する ・一般被災住民はおにぎり、パン類などの主食を中心とした高エネルギー食品で対応する	①乳幼児、高齢者等、嚥下困難者、食事制限のある慢性疾患患者（糖尿病、高血圧、腎臓病、食物アレルギー）の対応が難しい	①に対し ⇒1〜2週間の備蓄が必要 ※備蓄にディスポ食器、ラップを加える
フェイズ1 （震災発生から 72時間以内）	・水、食料は「自助」で賄う ・エネルギーと水分を確保する ・早いところでは救援物資が届き始める ・炊き出しが始まるところもある（温かい食事が提供される）	①乳幼児、高齢者等、嚥下困難者、食事制限のある慢性疾患患者（糖尿病、高血圧、腎臓病、食物アレルギー）の対応が難しい ②断水の影響でトイレが十分使用できないことがあるため、水分摂取を控える傾向が見られ、「脱水」等が問題となる ③熱中症、エコノミークラス症候群の予防のためにも水分補給が必要となる	②に対し ⇒口渇を招く濃い味のものや利尿作用のあるものに注意する ②③に対し ⇒定期的に水分補給し、気分転換にラジオ体操等をするとともに必要
フェイズ2 （4日目から 1か月まで）	・「共助・公助」として救援物資が届く ・炊き出しを実施 ・温かい食事のニーズが高まる	①乳幼児、高齢者等、嚥下困難者、食事制限のある慢性疾患患者（糖尿病、高血圧、腎臓病、食物アレルギー）の対応が難しい ④避難生活のために慢性疲労や体調不良者が増加し、便秘、口内炎、食欲不振、風邪を引きやすい症状が見られる ⑤救援物資のおにぎり、パン類が余剰となり炭水化物の過多、野菜・たんぱく質、食物繊維が不足する ⑥子ども・大人に関係なく肥満傾向になりやすいので注意する	④⑤⑥に対し ⇒備蓄食品や献立は、主食・主菜・副菜を意識する 気分転換に運動も必要 ⇒備蓄食品に野菜ジュース（無塩）、食物繊維サプリ、調味料を加える ⇒配給量が多ければ残す
フェイズ3 （1か月以降）	・仮設住宅での生活が始まる時期	⑦避難生活の疲れ、食環境の変化の戸惑い等により、簡単な食事ですませがちなため、野菜不足、たんぱく質不足が見られる一方で、レトルト食品、カップラーメンなどの利用増による脂肪過多、塩分過剰の問題も見られる ⑧調理環境の制約（台所が狭い、ガスコンロ数が少ないなど）により、1つの鍋でできる料理に限られてしまう	⑦に対し ⇒備蓄食品に乾燥野菜等の乾物類を加える

「災害時栄養・食生活支援活動ガイドライン実践編」新潟県（2008年3月）をもとに作成

脱水症予防にはOS-1（大塚製薬）などの経口補水液が勧められています。OS-1がない場合、自分たちでもつくれる経口補水液をご紹介しましょう。

★経口補水液のつくり方（下記の分量のものを、しっかりと混ぜ溶かす）★

＜水：1リットル・塩：小さじ1/2（3g）・砂糖：大さじ4と1/2（40g）＞

また、水分を補給する場合、カフェインを多く含むものは利尿作用により排尿量が多くなり、より多くの水分が体内から失われていきます。カフェインの少ないものやカフェインゼロの水・麦茶などがおすすめです。しかし、カフェインが少なくても、量をたくさん取るようなコーラなどは、注意しましょう。

2）食事は主食・主菜・副菜の3種を揃えましょう

避難所での食事は備蓄食品や救援物資を利用しますが、水分、たんぱく質、食物繊維が不足し、炭水化物が過剰になりやすく、栄養素の偏りが問題視されています[1)-5)]。

食事は、主食（炭水化物）・主菜（たんぱく質）・副菜（ビタミン・ミネラル・食物繊維）の3種を揃えることで、必要とされる主な栄養素を摂取することができます。避難生活の場合、限られた食品から3種を揃えることは難しいことですが、意識して献立を考え、摂取することが大切です。

下記の例を参考にしてください。

① 主食と副菜が同時に摂取できるメニュー

主食の炭水化物「アルファ化米」に、水の代わりに副菜の「野菜たっぷりスープ（レトルト）」や「野菜ジュース（無塩・缶）を加えることで、ビタミン・ミネラル・食物繊維・水分が補給できます。これに主菜のたんぱく質として肉・魚類（ツナ缶など）を摂取することで栄養素のバランスを取ることができます。

※ 実食の結果、主食は少し軟らかめの方が喉の通りもよく食べやすくなるため、アルファ化米を戻すときは規定の水分量より多めにしましょう。

② 主菜と副菜が同時に摂取できるメニュー

「キャベツとソーセージのスープ（缶）」を利用することで、主菜と副菜が同時に摂取できます。

3）塩分過剰には注意しましょう

災害による環境の変化、ストレス、睡眠障害により交感神経が活性化され、直接的に血圧の上昇に影響し、交感神経の活性化は同量の食塩を摂取しても血圧が上昇しやすくなります[6)]。

レトルトや缶詰など味の濃いものは塩分過剰となり、口渇を招いたり、血圧を上昇させることにもつながります。漬物を減らす、カップ麺の汁は残すか粉末スープの量を減らすなど、塩分を調節することも必要です。

（目安：コンビニおにぎり1個の塩分1.1〜2g、カップ麺1個の塩分5〜6g）

4）体重を測定し、運動も心がけましょう

救援物資は、おにぎり、菓子パン、カップ麺、菓子類などの炭水化物の多い食品に偏る傾向があ

り、レトルト食品、缶詰などの味付けの濃いものも届けられてきます。炭水化物の過多が継続すると体重が増加し、肥満傾向になります。また、おやつなど必要以上に摂取したりすると肥満となるため、問題視されています[3]。逆に食事摂取ができず低栄養による浮腫となり、体重が増加する場合もあります。災害前からの体重の増減を±2kgに維持できるよう[6]、運動も心がけましょう。

● 災害時の栄養基準（健常人・災害時要配慮者）の対応について

　災害時の対象者は健常人とは限りません。通院する在宅患者、乳児から高齢者まであらゆる方々が避難生活を余儀なくされてしまいます。

　日々の食事は、栄養不足の回避、生活習慣病の予防、さらには生活の質の向上のために、一層重要とされています。そのため、健常人及び食事療法を必要とする慢性疾患患者は、平常必要とされる栄養量を基準にしましょう。

1）「避難所における栄養の参照量」を確保するには、サプリメントを利用することも必要です

　2011年東日本大震災後、厚生労働省は、「避難所における栄養の参照量」を公表し、災害発生1〜3か月の当面の目標として、摂ってほしい栄養素の量及び3か月以降の避難所における食事提供の評価・計画のための栄養の参照量を示しています（表2.4.2-2、2.4.2-3）。エネルギー、たんぱく質、ビタミンB1、B2、Cは、体内貯蔵量が少なく初期の段階で不足しやすく、災害時に優先すべき栄養素であり、欠乏症にならないように心がけることが必要とされています。そのためにも、マルチビタミンなどのサプリメントを備蓄食品に加えたり、避難監督者等からサプリメントを支給された場合、躊躇せずに利用することも必要です。

2）災害時要配慮者の栄養管理には、平生の食事療法が必要です

　日本は「超高齢社会」に突入し4人に1人は高齢者[8]といわれ、65歳以上の外来患者数、在宅医療を受けた推計患者数も右肩上がりを示し、糖尿病、高血圧症の患者数の増加が問題視されています[9]。自ら食事のコントロールができた場合、症状の悪化を抑えることができたとの報告もありますので[10]、症状を悪化させないためにも配給された食事は食事療法として、自分で調整しましょう。また、災害時要配慮者は、乳幼児、妊婦・授乳婦、高齢者、食物アレルギー患者、食事制限が必要な病者（糖尿病、高血圧、腎臓病など）とされ、食事・栄養面での特別な配慮が必要とされています。今後、自身や家族が災害時要配慮者になり得ることもあり、「共助」としても、それぞれの状況と対応（表2.4.2-4）を把握しておくことが、避難生活での食事に必要と思われます。ただし、食事療法を始める前に、避難所の責任者に相談するとよいでしょう。

第2話　避難生活での食事を考える

表2.4.2-2　避難所における食事提供の評価・計画のための栄養の参照量
－エネルギー及び主な栄養素について－

目　的	エネルギー・栄養素	1人1日当たり（1歳以上）
エネルギー摂取の過不足の回避	エネルギー	1,800～2,200kcal
栄養素の摂取不足の回避	たんぱく質	55g 以上
	ビタミンB₁	0.9mg 以上
	ビタミンB₂	1.0mg 以上
	ビタミンC	80mg 以上

※日本人の食事摂取基準（2015年版）で示されているエネルギー及び各栄養素の値をもとに
平成22年国勢調査結果で得られた性・年齢階級別の人口構成を用いて加重平均により算出

表2.4.2-3　避難所における食事提供の評価・計画のための栄養の参照量
－対象特性に応じて配慮が必要な栄養素について－

目的	栄養素	配慮事項
栄養素の摂取不足の回避	カルシウム	骨量が最も蓄積される思春期に十分な摂取量を確保する観点から、特に6～14歳においては、600mg/日を目安とし、牛乳・乳製品、豆類、緑黄色野菜、小魚など多様な食品の摂取に留意すること
	ビタミンA	欠乏による成長阻害や骨及び神経系の発達抑制を回避する観点から、成長期の子ども、特に1～5歳においては、300μg RE/日を下回らないよう主菜や副菜（緑黄色野菜）の摂取に留意すること
	鉄	月経がある場合には、十分な摂取に留意するとともに、特に貧血の既往があるなど個別の配慮を要する場合は、医師・管理栄養士等による専門的評価を受けること
生活習慣病の一次予防	ナトリウム（食　塩）	高血圧の予防の観点から、成人においては、目標量（食塩相当量として、男性 8.0g 未満/日、女性 7.0g 未満/日）を参考に、過剰摂取を避けること

※表2.4.2-2、表2.4.2-3ともに「避難所における食事提供に係る適切な栄養管理の実施について」
（平成28年6月6日厚生労働省健康局健康課栄養指導室事務連絡）より

コミュニティ防災の基本と実践　**199**

第4章

● 食事と併用して配慮すべき衛生管理について

　「食中毒」は一度に多くの方の健康障害を招き、抵抗力のない方の命を奪う場合もあります。予防策として「衛生管理」が必要であり、意識することが重要です。事例として熊本地震の避難所では、黄色ブドウ球菌による集団食中毒が発生しました。これは、昼食に提供されたおかかおにぎりが原因で、飲食店で朝から調理し、避難所に搬送したものでした。その後、2016年厚生労働省より食品を適切な温度で保管し、調理後速やかに食事を提供するなど、下記の予防策が発令されていますので[13]、参考にしてください。

避難所における食中毒予防対策
- 食事の前やトイレの後、食品を調理する場合は、手をよく洗う
- 前日調理はせず、加熱する場合は中まで十分に行う
- 調理した食品をラップなどで包装する場合は、冷ましてから行う
- 提供された食品は早めに食べて、食べ残した食品は廃棄する
- 手指に傷がある人、下痢の症状がある人は調理に従事しない
  断水などで衛生状態が悪い環境であっても、炊き出しなど、配給者と摂取する者の両者で注意すべきことである

（厚生労働省「避難所における食中毒の発生防止について」2016年5月9日）

● 避難所でのよりよい食生活のために

　避難生活での食事は、フェイズ0、1から察すると災害前の備蓄の設置から始まっています。備蓄すべき食品・物品、期間を再度考えることが必要です。また、日本は超高齢社会であり、要支援・要介護者数も年々増加を示し、慢性疾患患者数も年々増加しています。このような状況を背景とした避難生活を乗り切るには、どの資料にも「日頃に災害時の対応を体験しておくことが必要」と記しています。日頃できないことは災害時にはできません。

　「自助」として、自身や家族に適切とされる（例：糖尿病、食物アレルギーなど）備蓄食品を揃え、試作・試食しておくことが避難生活での食事の第一歩となります。

表 2.4.2-4　災害時要配慮者（一部）の栄養面での配慮と注意点（体調不良は早めに医師に、栄養・食事に関することは栄養士に相談するとよい）

	栄養面での配慮と注意点
糖尿病	・食料不足時は提供されたものを摂取する ・食事の供給が十分量になる時期は、支給された量が普段の摂取量よりも多い場合、体重を維持するために、おにぎりやみそ汁を残すなど、食事調整をする ・普段から自分の摂取量、摂取エネルギー量及び備蓄の栄養価（エネルギー、炭水化物、塩分）を確認しておく ・糖尿病用医療品（投薬・インスリン）を確保しておく
高血圧症	・災害時は普段以上に食塩感受性が強くなるため、漬物やみそ汁を残すなど減塩の対応が必要 （例：弁当はソース類をかけない、カップ麺汁を残すか粉末スープの量を減らす、おにぎりは塩分の少ないものを選ぶなど） ・塩分量などの栄養素表示を確認してから摂取する　食塩相当量(g)＝ナトリウム量(mg) ×2.54÷1000 ・カリウムの多い食事（無塩野菜ジュース、果物、緑色野菜、海藻類など）を心がける（ただし、血清カリウムが高値の場合は医師と相談する） ・血栓予防のため、1日1リットル以上の水分摂取を心がける ・「ワルファリン」服用中は納豆、クロレラに注意し、「カルシウム拮抗薬」服用中はグレープフルーツジュースを避ける
腎臓病	・腎疾患があり血清カリウム値が高値の場合、生野菜、果物（特にバナナ）、野菜ジュースなどカリウムの多い食品は避ける ・災害直後は体力の消耗を避け、十分なエネルギーの確保を行う ・弁当はソース類をかけない、カップ麺汁を残すか粉末スープの量を減らす、おにぎりは塩分の少ないものを選ぶなど、減塩を心がける ・ある程度状況が落ち着いてきたら、カリウム、食塩、たんぱく質摂取量にも注意する
食物アレルギー	・支援食はアレルギー表示を確認する ・炊き出しでは、アレルギーの原因食物が使われていないか調理担当者に確認する ・アレルギー支援が受けられるように、避難所の管理者や行政の人たちに早めに相談しておく ・子どもが周囲の人から食べ物をもらうことがあるので、食物アレルギーがあることを周囲に伝えることも必要 ・「自助」の食物アレルギー対応として、 　① 本来食べられるものだけを最小限に避け、食べられるものは食べることを、医師と相談しながら日頃からできるようにしておく 　② 保護者は、子どものアレルギー対応食、アレルギー用ミルクを 2週間分確保しておく
高齢者	・トイレに行く回数を抑えたり、失禁を気にして水分摂取を控えたり、また、口渇感を低下するためさらなる水分摂取不足となりやすいので、注意する ・義歯を使用している高齢者の義歯の紛失は、普通食の摂取が困難となり栄養摂取が不十分となる。そのため、義歯を紛失しないようにする ・嚥下困難者はトロミ剤（ゾル・ゲル）を備蓄し、使い方を習得しておく

日本循環器学会・日本高血圧学会・日本心臓病学会「2014年版災害時循環器疾患の予防・管理に関するガイドライン」、臨床栄養 128巻 3号「災害時の臨床栄養―なぜ管理栄養士・栄養士が必要なのか―」（2016）、日本小児アレルギー学会「災害時のこどものアレルギー疾患対応パンフレット（改訂版）」（平成 29年 11月改定）をもとに作成

キーワード

自助、水分補給、食物アレルギー、食中毒、食事療法、身体を動かす

引用文献

1 ）兵庫県：いざという時の心構え　災害時の食に備える

「災害時食生活改善活動ガイドライン」、平成8年3月作成

2 ）「新潟県災害時栄養・食生活支援活動ガイドライン」, 2006

3 ）「新潟県災害時栄養・食生活支援活動ガイドライン.実践編」, 2008

4 ）独立行政法人国立健康・栄養研究所、社団法人日本栄養士会：災害時の栄養・食生活支援マニュアル, 平成23年4月

5 ）西村一弘：「被災地の食事の現状と栄養問題—東日本大震災被災地報告(宮城県気仙沼市)」糖尿病54(9), 724-726, 2011

6 ）日本循環器学会、日本高血圧学会、日本心臓病学会：2014年版災害時循環器疾患の予防・管理に関するガイドライン, 2014

7 ）厚生労働省健康局健康課 栄養指導室：避難所における食事提供に係る適切な栄養管理の実施について, 平成28年6月6日 熊本県及び熊本市健康づくり施策主管部局御中

8 ）総務省：平成27年国勢調査　人口等基本集計結果の公表

9 ）厚生労働省：患者調査の概況, 平成26年(2014)

10）切塚敬治、西崎浩、郡山健治他：「阪神大震災時における糖尿病患者の血糖コントロール悪化について」, 糖尿病39, 655-58, 1996

11）「災害時の臨床栄養－なぜ管理栄養士・栄養士が必要なのか？」, 臨床栄養 128巻3号, 2016

12）日本小児アレルギー学会：「災害時のこどものアレルギー疾患対応パンフレット(改訂版)」平成29年11月改訂

13）厚生労働省医薬・生活衛生局生活衛生・食品安全部監視安全課：「避難所における食中毒の発生防止について」2016年5月9日

第3話

避難所でできるセルフケアを知る

　避難所で生じやすい健康問題には、感染症や、エコノミークラス症候群（静脈血栓塞栓症）などがあります。これは、衛生環境の悪化や密集する避難所生活のために生じるものです。この他、災害がないときでも存在する一般的医療ニーズすなわち自病が悪化することや、災害弱者への対応も必要となります。本項では、特に避難所生活で注意が必要なエコノミークラス症候群や感染症（呼吸器）に対するセルフケアの方法、ならびに乳児を抱える母子への対応について紹介します。

● エコノミークラス症候群

１）エコノミークラス症候群とは

　エコノミークラス症候群とは、文字通り飛行機のエコノミークラスなどの狭い座席に長時間座り続けることで下肢の深部静脈（筋膜よりも深い場所にある静脈）に血栓が発生し、それが原因でさまざまな疾患が生じることです[1,2]。エコノミークラス症候群は俗名で、正しくは静脈血栓塞栓症といいます。静脈血栓塞栓症は、重篤な場合では致死的肺塞栓症により突然死することもあります。日本では2004年の新潟県中越地震後の車中泊避難者において、エコノミークラス症候群による肺塞栓症で死亡者が続発したことで有名になりました。肺塞栓症に特有な症状はなく、呼吸困難、胸痛、胸部不快感、背部痛、血痰、咳、意識障害などが生じます。

　静脈がけがなどで傷ついたり、脱水状態になって血液が濃くなったり、さらに長時間じっとしていることで静脈の流れが悪くなるなどが重なると、静脈内で血栓ができます。静脈内で最初にできた血栓は小さいのですが、足の静脈の流れが悪いと血栓がどんどん大きくなります。大きくなった血栓は遅いながらも血流に乗って伸びていき、骨盤内の静脈まで達します。血液の流れに沿って大きくなると、静脈を閉塞することがないので全く症状がありません。そして、急に動いた瞬間に、膝関節付近で血栓がちぎれて塊となって心臓に流れていき、肺動脈を閉塞

コミュニティ防災の基本と実践　203

します。これが新潟県中越地震被災者のエコノミークラス症候群による肺塞栓症の正体です。災害後のエコノミークラス症候群は慢性化しやすく、肺塞栓症のみならず、脳梗塞や心筋梗塞との関連性も指摘されています[1]。

2）避難生活の中でのエコノミークラス症候群の予防

　災害後のエコノミークラス症候群発症には、2つのピークがあります[1]。1つは、車中泊によるもので震災・災害後1〜5日の早朝にあり、重篤な肺塞栓症を発症しやすくなります。もう1つは、震災・災害後2週間程度にピークがあり、避難所生活が原因と考えられます。エコノミークラス症候群に対しては、足のけがに気を付ける、脱水に気を付ける、よく動くことが予防につながります。水分補給については、1日2.5〜3リットルが必要であるといわれています。しかし、トイレなどの衛生状態が悪く、避難所が暖かく快適でなければ、被災者は水分を十分取らなくなります。そのため、被災者自身も水分補給を心がけるとともに、トイレを被災者で交代で清潔にすることも大切です。さらに、避難所の外へ出て、ラジオ体操などで定期的に体を動かすことも重要です。

　一方、大規模災害の発生後、段ボール製簡易ベッドを導入した避難所ではエコノミークラス症候群の陽性率が低かったことが報告されています[3]。さらに、弾性ストッキングもエコノミークラス症候群の予防に有効であることが指摘されています[3]。2016年4月に発行された内閣府の避難所運営ガイドラインに、段ボール製簡易ベッドの導入と弾性ストッキングについて掲載されていますので、ご参照ください。

● 感染症

1）避難所で生じやすい呼吸器感染症

　避難所で発生しやすい健康問題として、呼吸器感染症（風邪、インフルエンザ、肺炎）があります。避難所の生活環境では、人口過密状態になるために、菌やウイルスに暴露されやすくなるためです。インフルエンザは、小児や高齢者で重症化しやすく、特に注意が必要です。この呼吸器感染症を予防するためには、咳エチケットを実行することが大切です。

2）呼吸器感染症対策（咳エチケット）

　咳エチケットとは、厚生労働省が提唱している咳をするときのマナーです。風邪などのとき、マスクをせずに咳、くしゃみをするとウイルスが2〜3m飛ぶといわれています。そのことで、周りの人に感染症を移す可能性があります。そこで必要なのが「咳エチケット」です。

　表2.4.3-1に示すように、咳、くしゃみが出たら、他の人に移さないようにマスクをしましょう。もしマスクがない場合はティッシュなどで口と鼻をおおい、顔を他の人には向けずに、できれば1〜2m以上離れましょう。ティッシュなどがない場合は、口を前腕部（袖口）で押さえて極力唾が飛ばないようにします。前腕部（袖口）で押さえるのは、他の場所に触れることが少ないため、接触することによる感染の機会を減らすことができるからです。鼻汁・痰などを含んだティッ

シュはゴミ箱またはビニール袋などに捨てましょう。咳やくしゃみをする際に押さえた手や腕は、すぐに洗いましょう。また、手を洗う場所がないことに備えて、アルコールを含んだ消毒液を手にすり込むかパック入りのアルコール綿などで拭くようにしましょう。このような、咳エチケットを実行するだけで呼吸器感染症の蔓延をかなり予防できます。

表2.4.3-1　咳エチケット

1. 咳、くしゃみが出たら、マスクをする
2. もしマスクがない場合はティッシュなどで口と鼻をおおい、ティッシュなどがない場合は、口を前腕部(袖口)で押さえて極力唾が飛ばないようにする
3. 鼻汁・痰などを含んだティッシュはゴミ箱またはビニール袋などに捨てる
4. 咳やくしゃみをする際に押さえた手や腕は、すぐに洗う
5. 手を洗う場所がないことに備えて、アルコールを含んだ消毒液を手にすり込む

● 災害弱者としての母子
1）非常時の「赤ちゃん用の持ち出しキット」

　2011年東日本大震災の発災後、支援が手薄であったと指摘されている母子への支援についても解説したいと思います。東日本大震災の母子支援で困ったこととして指摘されていたことが、保健センターにおける乳幼児の記録に関する情報の消失でした[4]。東日本大震災では、津波で多くの物が失われました。このようなことに備えて、日頃から非常時に母子健康手帳をすぐに持ち出せる準備をしておくようにしましょう。この他、非常時の「赤ちゃん用持ち出しキット」として、ベビーフード、紙おむつとおしり拭き、着替えや保温などの物品を備えておくとよいでしょう。

2）避難所における乳児のスキンケア

　避難所では沐浴をするための物品が揃っていないことが、想定されます。そのため、段ボールを使って乳児のお尻をお湯につけて洗う方法を紹介したいと思います（写真2.4.3-1）。

　まず、表2.4.3-2に示している物品を準備します。避難所でもこのような物品であれば、調達が可能であろうと思われます。表2.4.3-3に示すような手順で乳児のお尻を洗うと、無理なく乳児の皮膚トラブルも予防できます。お湯が少ないときは、かけ湯のみできれいにすることもでき

写真2.4.3-1
段ボールとビニール袋を利用した乳児の沐浴

ます。500cc（ペットボトル1本）のお湯を用意し、乳児のお尻にお湯をかけます。石けんを大人の手のひらで泡立てて洗い、その後、大人の手をタオルで石けんをおおまかに拭き取ってから、かけ湯しながら洗い流すとお湯の量が少なくてすみます。お部屋を温めておき、できれば2人ペアで行うとスムーズに、手ぎわよく実施できます。

表2.4.3-2　赤ちゃんのおしりの沐浴のために揃える物

1. 約3000cc（ペットボトル6本）のお湯（39度以上）
2. 段ボールなどの箱（お尻だけつかる大きさの箱）
   段ボール箱：幅・奥行20～25cmの箱　高さ13cm前後の大きさにカッターやガムテープで調節
3. ビニール袋（ゴミ箱中くらい）
4. 石けん
5. タオル　2枚

表2.4.3-3　手順

1. 箱の中にビニール袋をかぶせ、ビニール袋の中にお湯を注ぎ、乳児のお尻を入れて、お湯があふれないように、箱の高さの半分くらいの量にする
2. 最後のかけ湯のために200ccくらい残します
3. 乳児のオムツをはずし、下半身裸にする
4. 大人1人が乳児を抱き、お尻をお湯につける
5. もう1人が、手のひらで石けんを少量泡立てる
6. お湯から少し上げて乳児のお尻を洗う
7. 大人の手の石けんを、タオルで拭き取る
8. 乳児のお尻をお湯につけて、石けんを洗い流す
9. 最後に、残った200ccのお湯でお尻や足にかけ湯をする
10. タオルでお尻や足を拭く

キーワード

エコノミークラス症候群、咳エチケット、乳児、スキンケア

引用文献

1）榛澤和彦：「避難生活におけるエコノミークラス症候群の脅威」, 2017, 36-41, 地域保健

2）植田信策：「東日本大震災被災地でのエコノミークラス症候群」, 2012, 23（4）327-333, 静脈学

3）榛澤和彦：「エコノミークラス症候群を予防しよう ～災害避難所での雑魚寝の危険と簡易ベッド～」, 2013, 60（2）109, 埼玉県臨床検査技師会

4）平野かよ子：「東日本大震災時の地域母子保健活動の課題に関する調査研究」, 平成24年度研究年度終了報告書, 2015, 厚生労働科学研究費補助金 成育疾患克服等次世代育成基盤研究事業

第4話

要援護者へのケアを知る

　在宅や地域で生活をしている高齢者や障がい者等のうち、避難行動や避難生活のために支援を必要とする人々を災害時要援護者（以下、「要援護者」）といいます。また、東日本大震災での要援護者の被災の状況から、避難生活や生活再建において多くのハンディキャップを抱えるため特に配慮が必要な人を「要配慮者」といい、要配慮者のうち、災害が発生、あるいは発生する恐れがある場合に、自分で避難することが困難で安全の確保が難しく、避難するための特別な支援が必要な人を「避難行動要支援者」というようになりました。

　また、ケア（care）とは配慮や気配り、お世話のことです。ケアには人のこころを癒し勇気づける力があり、ケアする側とケアされる側の相互作用から生み出されることによって（caring）、お互いの人間的な成長を促すといわれています。要援護者に対する一方的な支援ではなく、『要援護者⇔支援者』という双方向の関係性を大切にし、被災の痛み・苦しみを分かち合いながら支えることが大切です。災害時だからこそ、インクルーシブな関係性が求められます。

　ここでは避難生活に際してどのようなケアが必要なのかを考えてみましょう。

● 要援護者の特徴

　地域にはさまざまな要援護者が住んでいます。高齢者（一人暮らし、寝たきり、認知症）や障がい者（視聴覚、音声言語機能、肢体不自由、内部・難病、知的、精神）だけではありません。子どもや妊婦、女性、日本語に不慣れな外国の方にもケアが必要です。被災したことによってからだやこころの調子が悪くなりケアが必要となることもあります。図2.4.4-1のように、誰もが要援護者になりうるのです。

　要援護者の多くは、①自分の身の危険を察知できない、②危険を知らせる情報を受け取ることができない、③身の危険を察知できても援助者に伝えることができない、④危険を知らせる情報を受け取っても、対応行動することができない、⑤災害時、被災地で生活する際に何

コミュニティ防災の基本と実践　**209**

らかの配慮が必要、⑥性別や年齢による不利益な取り扱い等を受けやすい、⑦避難所等での生活が困難で、自宅や車中での避難を余儀なくされている、⑧広域避難者で、所在が行政等に把握されずに孤立させられているという特徴があります。

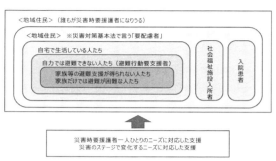

図2.4.4-1　地域にはさまざまな災害時要援護者が住んでいる
(「兵庫県災害時要援護者支援指針 平成29年9月改正」より)

● 避難生活を乗り切るために必要な力

　では災害が起こったとき、人々の生活はどのように変化するのでしょうか。住み慣れた地域は破壊され安全を確保することは難しく、温度・空調・採光など住まいの環境を整えることも困難になります。衣食住の確保もできません。このような状況の中、要援護者は避難所に行ったり、自宅にとどまったり、知人の家に身を寄せたりして災害を生き延びようとします。避難所では多くの被災者との集団生活になりますから、脅威から身を守られるという安心感は得られます。しかしプライバシーは守られないし、衛生的ではないことが多く、ケアが必要な人には「周囲に迷惑だから避難所にはいられない」という遠慮から壊れた自宅で生活する人もいます。自宅での避難生活では食糧や生活物資、情報を手に入れにくく要援護者はますます孤立してしまいます。要援護者には被災者に共通する避難生活の困難に加えて、普段から抱える健康問題や被災による心身への影響が一層大きくなり、要援護者やその家族(介護者)の力だけでは避難生活を乗り切ることが非常に難しくなります。

　避難所であれ、自宅であれ、要援護者が避難生活を乗り切るためには、自分の状況を伝えることができる力(発信力)、外部からの支援を受けることができる力(受援力)が必要になります。また、周囲の人々には要援護者をいち早く見つけて、心身の健康状態・避難生活での困りごと・希望するサービスなどについて把握し、支援につなげることが重要になります。

● 避難生活を支えるケア

　要援護者のニーズに合わせたケアが必要になります(表2.4.4-1)。避難所では被災者全員に対する平等な対応を求められがちですが、要援護者のさまざまなニーズを踏まえて、困っている人を優先してケアすることも重要です。要援護者を介護する人の有無や障がいの内容・程度などに応じて過ごしやすい環境を整えるとともに、他の避難者に対して要援護者の対応への理解を求めます。また、専門家によるケアが必要な場合には、避難所でも介護保険サー

ビスや福祉サービスを利用することができます。

　このように、要援護者が避難生活を続けるためには本人・家族だけの力だけでは難しく、同じ被災者である地域の人々とのつながり、専門家によるサービスや外部からの支援がとても重要になります。

表2.4.4-1　避難所における要援護者別の配慮事項（例）

要援護者	配　慮　事　項
高齢者	● 不便な避難生活で急速に活動力が低下し、寝たきり状態になりやすいので、健康状態に配慮するとともに、可能な限り運動できるスペースを確保する。 ● 認知症高齢者は、急激な生活環境の変化で精神症状や問題行動が出現しやすく、認知症も進行しやすいので、生活指導、機能訓練等を行い、精神的な安定を図る。 ● トイレに近い場所に避難スペースを設ける。 ● おむつをしている方のためには、おむつ交換の場所を別に設ける。
視覚障がい者	● 仮設トイレを屋外に設置する場合は、壁伝いに行くことができる場所に設置する等、移動が容易にできるよう配慮する。 ● 音声で複数回繰り返すなど情報伝達方法に配慮する。 ● 盲ろう通訳やガイドヘルパー等を派遣する。
聴覚障がい者	● 伝達事項は、紙に書いて知らせる。 ● 盲ろう通訳や介助員、手話通訳者、要約筆記者等を派遣する。 ● 簡易型電光掲示板やホワイトボード等による情報伝達を行う。
肢体不自由者	● 車いすが通れる通路を確保する。 ● トイレのスペース確保に配慮する。
内部障がい者 難病患者	● 医療機関等の協力により巡回診療を行うほか、定期的な治療の継続のための移送サービスを実施する。特に人工呼吸器の電源確保や人工透析患者の定期的な透析に留意する。 ● 医療機材の消毒や交換等のため、清潔な治療スペースを設ける。 ● 人工肛門造設者用のオストメイトトイレの必要性を把握し、対象者に周知する。
知的障がい者	● 環境の変化を理解できずに気持ちが混乱したり、精神的に不安定になったりする場合があるので、気持ちを落ち着かせるよう配慮する。 ● コミュニケーションボードを使うなど絵や図、文字等を組み合わせて情報を伝える。
精神障がい者	● 疲れやすく、対人関係やコミュニケーションがストレスになることもあるので、1人で過ごせるスペース等、落ち着くことができる環境を整える。 ● 保健所が精神科救護所となっているので、必要に応じて医師の診断等を仰ぎ、服薬等を行う。
発達障がい者	● 突発的変化に対する不安や抵抗、こだわりが強く避難所生活になじめないこともあるので、プライバシーを保てるスペースを確保するよう配慮する。 ● 音や光に過敏な者もいるので、あらかじめ周囲に理解を求めておく。
乳幼児	● 乳幼児のためのベビーベッド、授乳の場を用意する。 ● 退行現象、夜泣き、吃音、不眠、チックなどの症状に留意し、精神的安定が図られるよう配慮する。ミルク用の湯、哺乳瓶の清潔、沐浴の手だての確保等に留意する。
女性	● 更衣室や物干し場、トイレを男女別に設置する。 ● 入浴設備は男女ごとに時間帯を分け、受付を設置する。 ● 性的被害に合わないよう、照明や死角に留意する。 ● 炊き出しや家事等、固定的な性別役割分担に陥らないようにする。 ● 生理用品や下着は女性担当者が配布する。 ● 女性の相談員を配置し、相談に対応する。
妊産婦	● 安静に休息ができるスペースや搾乳、授乳できるスペースを設ける。
ＬＧＢＴ （性的少数者）	● 男女別トイレだけではなく、ユニバーサルトイレを設置する。 ● プライバシーを保護した上で必要な物資（生理用品、ホルモン剤等）を受け取れる環境を整える。
日本語に不慣れな外国人	● 必要に応じて、通訳ボランティア等を派遣する。

『兵庫県災害時要援護者支援指針 平成29年9月改訂』をもとに作成

第4章

要援護者へのよりよいケアのために

◇ **地域にはさまざまな要援護者がいることを知りましょう**

　皆さんの住んでいる地域にはどのような人々が暮らしていますか。年齢、性別、疾病構造や保健医療福祉サービスの利用状況などの資料をもとに、地域で生活する要援護者の状況を調べてみましょう。

◇ **要援護者に対してどのようなケアが必要か確認し、自分にできる配慮について考えてみましょう**

　健康に自信のある人にとっても避難生活は過酷です。皆さんが避難所で生活しなければならなくなったら、何に困りますか。また、要援護者であったらどうでしょうか。避難生活を送る上での困りごとについて考えてみるとともに、どのような手助け・配慮があれば乗り切れるか、みんなで話し合いましょう。

◇ **つながりで支え合える地域づくりについて考えてみましょう**

　災害時の避難生活を乗り切るためには、地域の人々とのつながりが大切です。普段から地域の人々を見知って声をかけ合い支え合うつながりは地域力を高め、要援護者だけでなく地域全体を支える力になります。地域ぐるみで支え合う力を高めるための取り組みについて皆さんの住んでいる地域を例に考えてみましょう。

参考資料

兵庫県 ：「災害時要援護者支援指針（平成29年9月改訂）」

大野かおり ：「災害時における看護－看護学概論」、医学書院、2017

キーワード

ケア、災害を生き延びる、配慮、ささえ合い

第5話

災害廃棄物・ごみ問題を考える

　「ごみ」や「し尿」は私たちが生きていく上で、どうしても出てくるもので、衛生面に注意しながら適切に処理していかなければなりません。日頃は、ごみは決まった時間に決まった場所に出しておけば、ごみ収集員が集めて適切に処理してくれています。し尿もトイレで用を足して流してしまえば、下水道によって運ばれて、下水処理場できれいに処理されてしまいますから、それらの処理について意識する機会は少ないでしょう。しかし大きな災害が起こると、処理システムや回収・運搬システムが壊れてしまい、それらの処理が滞ることになります。自分たちの暮らしから否応なしに出てくるものですが、それらが身の回りにあふれては、途端に困ってしまいます。

　ここでは避難所での生活に伴ってくるごみとし尿の適切な取り扱いや災害廃棄物について、考えてみましょう。

● ごみとし尿は、どのくらい出る？

　日頃、自分たちはごみやし尿をどのくらい出しているのか、考えたことがありますか？ 汚い嫌な物だと思って目を背けず、まずは実態を知ってみましょう。

　普通ごみ（家庭系のごみで、資源ごみを除いたもの）は、2016年度の大阪市のデータでは、1人1日355gを出しているとされています。その内訳を見ると、生ごみが33％（118g）、紙類が32％（114g）、プラスチック類が12％（42g）などとなっています。では、し尿はどうでしょうか。もちろん個人差も大きく、また食べ物や季節によっても変わりますが、平均的には、大人1日のふんの排出量が80～300g程度とされています。また尿は、大人の男子で1日に1～1.5リットル程度、女子で0.9～1.2リットル程度、多いときには3～4リットルにもなるといわれています。被災時には、避難所での集団生活を余儀なくされることもあります。大阪市では約550か所の災害時避難所や、約290か所福祉避難所が確保されていますが、避難所1か所当たりの収容人数は数

コミュニティ防災の基本と実践　**213**

百から千数百人程度です。仮に1,000人が避難所で生活を余儀なくされるとすると、1日当たり1,000～2,000リットルものし尿と200kg以上の生ごみや紙類が排出されるということになります。災害時にインフラが機能しない場合にはごみの収集もままならない状況になることも考えられます。このようなときに、各避難所におけるごみの管理は衛生面では重要な課題です。

● 避難所で発生するごみ・し尿の分別

　避難所でごみやし尿を分別することは、避難所の住環境を守り、その後のスムーズな処理につながります。ですので、できる限り分別を行うことが大切です。また腐りやすいごみ（生ごみ類）、し尿、感染性があるごみ（けがの手当によって血が付着したガーゼ、家庭での治療に伴う注射針など）についても、避難所での感染症を防ぐために、適切に分別・管理をすることが大切です。

　災害によって断水や停電などがあると、多くの既存トイレは使えなくなります。そこで災害廃棄物対策指針においては、市町村は、災害時には公共下水道が使用できなくなることを想定し、発災初動時のし尿処理に関して、被災者の生活に支障が生じないように、仮設トイレ、マンホールトイレ（災害時に下水道管路にあるマンホールの上に設置するトイレ）、簡易トイレ（災害用携帯型簡易トイレ）、消臭剤、脱臭剤などの備蓄を行うこととされています。なお、合併浄化槽の場合は、水と電気が復旧すると使えるようになります。下水処理については、下水処理場の被災状況によって変わりますが、水と電気が復旧すれば水洗自体は可能になります。従って、携帯用トイレが不足する場合は、無理やり流す、非常用トイレをつくる、48時間程度は穴を掘って新聞紙を敷いて用を足すなどの対応も緊急避難的にはやむを得ないケースもあるとされています。

　災害が起きて避難をした直後には、水・食料・トイレのニーズが高く、水と食料を中心とした支援物質が避難所に届けられます。また災害発生から3日程度が経過すると救援物資が急速に増え、食料品だけではなく、衣類や日用品も届き始めます。これに伴って段ボールやビニール袋などの容器包装ごみが大量に出ます。また食事をすることにより、生ごみが発生します。衛生状態を良好に保つためにも、粗くても構わないので、ダンボールやごみ袋、ラベリング用品（ペン、ガムテープ、紙）などを使って、分別を行うように心がけます。ごみは、一度混ざってしまうと分けるのは大変です。また、最初にごみが混ざって捨てられていると、次から捨てる人も、ごみを分別せずに捨ててしまう事態を引き起こしますから、とにかく最初に混ぜてしまわないように、きちんと対応することが肝腎です。

　一方でごみとはいえ、段ボール箱やペットボトル、ポリ袋などは、きれいな状態に保っておけば、避難所生活でさまざまな用途に使うことも可能です。使い終えた物もごみではなく貴重な資源・材料と見る習慣を付けておくことも大切です。

表2.4.5-1 避難所で発生する廃棄物の例と管理方法の例

種類	発生源	特徴と管理方法
腐りやすい廃棄物（生ごみ）	残飯など	・季節（夏か冬か梅雨時か）にもよるが、悪臭の他、ハエやゴキブリなどの衛生害虫の発生が懸念される ・袋に入れて分別保管し、できるだけ急いで処理をする ・処理事例として近隣農家や酪農家などにより堆肥化を行った例もある
し尿	携帯トイレ 仮設トイレ	・携帯トイレを使用する ・ポリマー（高分子凝集剤）で固められた尿は衛生的な保管が可能だが、感染や臭気の面からもできる限り密閉する管理が必要である
感染性の廃棄物、血液などが付いたもの（注射針、ガーゼなど）	医療行為	・保管のための専用容器の安全な設置及び管理 ・医療行為の必要性と収集方法・頻度との調整（回収方法、処理方法など）
段ボール、新聞紙など	支援物資の梱包 食料の梱包	・分別して保管する ・汚さなければ、プライベートの保護のための目隠し、日除けや寒さ除け、一時的な敷き布団の代わりなどに使用できる
ビニール袋、プラスチック類	食料の容器包装など 水のペットボトルなど	・袋に入れて分別保管する ・ペットボトルは整理して、袋類はつぶしておくとかさばらない ・汚さなければ容器として使用できる

（環境省「災害廃棄物対策指針」をもとに作成）

● 災害廃棄物

　私たちの身の回りの物は、ある一定期間後には、使えなくなったり、使わなくなったり、不必要になったりして、ごみになります。大規模地震や津波、集中豪雨など、災害が発生すると、このような日常生活から出てくるごみとは異なった災害廃棄物が発生します。

　1995年に発生した阪神・淡路大震震災では、人口350万人が密集する都市直下型地震であったために倒壊した家屋や建造物が多く、全壊家屋が約10.4万棟、半壊家屋が約13.6万棟、焼失家屋が約0.7万棟にも及びました。高速道路の倒壊や岸壁や鉄道施設の損壊をはじめ、電気、水道などのライフラインも大きなダメージを受けました。この大地震では、およそ2,000万tの災害廃棄物が発生したとされています。

　2011年に発生した東日本大震災では、マグニチュード9.0の激しい揺れと大規模な津波の襲来によって、広範囲に被害が発生しました。13道県239市町村から約2,000万tの災害廃棄物が発生するとともに、約1,100万tのヘドロなどの津波堆積物が発生しました。倒壊家屋、電化製品、布団やマットレス、家具、畳やじゅうたん、衣類、コンクリート、草木類、漁具・漁網など、さまざま

な種類の廃棄物が発生しましたが、津波によって多くの廃棄物が海水を含んでしまったことが、その後の処理を難しくしました。海水を含んだ廃棄物を焼却処分する際には、人体にとっては有毒な塩化水素が発生しますし、焼却炉そのものも損傷が激しくなるのです。さらに、原子力発電所の事故によって、大気、土壌、海洋などへと大量の放射性物質が放出され、高濃度汚染地域ができて人間の活動範囲が制限されてしまいました。また2017年の九州北部豪雨では、大量の木質廃棄物が発生したと伝えられています。また水害により一時的に大量に発生した粗大ごみ・生活ごみは、水分を多く含むことから腐りやすく、悪臭・汚水を発生する他、非常に重くなることが指摘されています。また土砂が大量に混入しているため、処理に当たって留意が必要であるとされています。

このように、災害の種類によって廃棄物の種類は異なりますし、その処理の方法も異なります。迅速かつ効率的に廃棄物を処理するためには、あらかじめ、廃棄物を分別しておくことが大切だということです。

また、灯油や重油などの燃料類、使わなくなった農薬や殺虫剤など、一般家庭にある身近な化学物質が火災や環境汚染の原因になる事例も報告されています。さらには、本来はリサイクル法などに則って適切にリサイクルすべき家電製品などが、震災時に災害ごみとして一斉に排出される問題も指摘されています。使わない物は、緊急の場合にはごみになってしまうごみ予備軍だと考えて、日頃からできる限り家にためないようにしておくことが大切です。

図2.4.5-1 身近にある危険な化学物質

● **災害廃棄物の分別と処理**

災害廃棄物を適正かつ円滑・迅速に処理することは、被災地の生活環境の保全・公衆衛生の確保にとって非常に重要です。処理期間を短縮して処理コストを抑制するためには、災害廃棄物を分別しながら収集・保管することが大切です。環境省は、可燃系混合物、不燃系混合物、コンクリート系混合物、木質系混合物、廃家電等、処理困難物(布団等)、金属系混合物、廃自動車等、処理困難物(畳等)、危険物・有害物等(消化器)、危険物・有害物等(灯油)、危険物・有害物等(ガスボンベ)の12種類に災害廃棄物を分別して、仮置き場で管理するよう求めています。仮置き場の規模やその位置を決めるためには、想定される災害で、どのような種類の廃棄物がどの程度発生するかをあらかじめ推計しておくことが必要です。国(環境省)は災害廃棄物対策指針を示し、都道府県・市町村で災害廃棄物計画を作成することを推奨してい

ます。皆さんも自分の自治体の災害廃棄物処理計画について、調べてみてはどうでしょうか。

表2.4.5-2　仙台市における初動時の対応例

	廃棄物対応	分別・対象品目
3/13	仮置場（市民持ち込み用）を各区1か所設置する方針を決定	
3/15	定期収集を家庭（可燃）ごみに限定して再開 仮置き場（市民持ち込み用）を市内5か所に設置	定期収集：家庭（可燃）ごみ 仮置き場：おおむね3分別（可燃ごみ、不燃ごみ、家電類） その後、スタッフが分別
3/23	新たに仮置場を設置（仮置場の1つの閉鎖に伴う） 同様に他の仮置場が満杯（閉鎖）になった場合は新たに設置し、以降、交互に使用	
3/27	新たに仮置場設置	おおむね6分別（可燃ごみ、ガラス・陶器くず、がれき類、家電製品、金属くず、家具類）
3/28	ペット斎場再開	
3/29〜4/4	1回に限り、缶・びん・ペットボトル・廃乾電池類を収集	
4/25	プラスチック製容器包装材の収集を再開（当面、限定的に）	
5/10	仮置場（市民持ち込み用）をすべて閉鎖	

（廃棄物資源循環学会 編著「災害廃棄物分別・処理実務マニュアル」をもとに作成）

地域の災害リスク確認の進め方

◇ **自分たちの家から出るごみの種類と量を確認しましょう**

　まずは日常的に自分が出しているごみを認識することから始めましょう。自分の住んでいる自治体ではごみは何種類に分別するのか、自分の家ではどれくらいの量のごみを出しているのか、計って確かめてみましょう。

◇ **自分たちの住んでいる自治体が作成している災害廃棄物処理計画を読んでみましょう**
　また災害時のごみ処理と分別方法について、普段から考えておきましょう

　多くの自治体（都道府県、市町村）では、環境省の作成した災害廃棄物対策指針を参考にしながら、独自の災害廃棄物処理計画を作成しています。自分の自治体の災害廃棄物処理計画について調べてみましょう。またそこで示されている廃棄物の分別項目について確認しておきましょう。

◇ **町会などの集まりや学校の授業で、自宅や近隣の公園、避難所の仮設トイレなどの準備**
　状況について確認しておきましょう

　自宅近くの避難所や公園のトイレがどのようになっているか調べておきましょう。また自治体などで用意されている仮設トイレの準備状況を調べてみましょう。個人でも携帯用

コミュニティ防災の基本と実践　　**217**

のトイレを用意しておくと、いざというときに安心です。非常用の食料、飲料水とともに用意することを考えてはどうでしょうか。

参考資料

一般社団法人 廃棄物資源循環学会 編著「災害廃棄物分別・処理実務マニュアル」ぎょうせい

環境省：災害廃棄物対策情報サイト、災害廃棄物対策指針ウェブサイト

国立環境研究所：災害廃棄物情報プラットフォーム

大阪府の災害廃棄物対策について

大阪市災害廃棄物処理基本計画

堺市環境局：〜もしもの時のごみの手引き〜災害廃棄物処理ハンドブック

金原粲 監修：「環境科学 改訂版」実教出版

キーワード

し尿処理、下水処理場、合併浄化槽、仮設トイレ、携帯トイレ、災害廃棄物対策指針、有害廃棄物、ごみ仮置き場、PRTR（化学物質排出移動量届出制度）

第6話

被災地での
ボランティアについて考える

● 被災地でのボランティアとは

　ボランティアとは、無償かつ自発的に社会で奉仕活動をする人たちまたは活動そのものを指します。阪神・淡路大震災の起こった1995年を、「ボランティア元年」と呼ぶことがあります。この震災では、被災地で多くのボランティアが活躍したからです。未曾有の災害でしたから、当時は行政などの公的機関もボランティアも同様に手探りの被災地支援でした。この震災の経験や課題を教訓として、被災地であった兵庫県や神戸市などの行政、そしてそれらが加わる関西広域連合は、その後種々の取り組みを行い、次の巨大災害に備えてきました。現在、これらの取り組みは十分とはいえませんが、東日本大震災や熊本地震の際の被災地支援に生かされました。

　一方、被災地ボランティアは、阪神・淡路大震災以降に起こった2004年新潟県中越地震や2007年能登半島地震などでの活躍もあって、徐々に社会全体に知られるようになりました。2011年東日本大震災（津波災害）は広域にまたがる巨大災害でしたから、地元行政の対応が隅々に届くことがありませんでした。また、被害が想定外であったため、被災地行政の事前の備えは十分ではなかったようです。そういった状況ですから、支援経験を持つ、持たないにかかわらず、ボランティアが極めて重要な働きをしました。

　2016年には、震度7の揺れを二度ももたらした地震が熊本県で起こりました。相変わらず、行政側のボランティアの受け入れ体制には問題があったようですが、このときにもボランティアが活躍しました。このように、行政など公的機関の支援が十分でないときや支援が届かない地域でのボランティアの存在は重要です。ここではボランティアの過去の取り組み事例を挙げながら、その支援内容や心構えについて紹介しましょう。

● 災害直後に起こること

　地震や津波などの大きな災害が起こると、被災地ではライフラインが途絶えます。被災者

コミュニティ防災の基本と実践　**219**

は電気、ガス、水道、通信などの重要な機能と手段を失うことになり、とりあえず、生き延びるための活動を始めることになります。被災地によっては、雨風をしのげる居住空間、飲料水や食料が十分に確保されないところもあり、そのような場合には外部からの支援を我慢しながらじっと待つことになります。それでも、建物倒壊や津波による瓦礫、そしてがけ崩れなどにより道路が塞がれてしまうと、外部からの支援もすぐには届きません。このような甚大な被害状況では、ボランティアは被災地に簡単にアクセスできません。

　この段階でボランティアが被災地に入るのは、自衛隊、警察や消防などの公的機関による初期の被災者救出活動や復旧作業の妨げとなり、かえって被災地に迷惑をかけることになります。東日本大震災の事例では、やっと1週間後に自衛隊などの公的支援が来た地域があったと聞きます。また、約2か月経って初めて瓦礫撤去のボランティアが入ったという地域もあります。リアス式海岸のため集落同士をつなぐ重要な道路が津波の瓦礫によって塞がれ、自衛隊などの初期対応がスムーズにできなかった地域やその結果、ボランティアも長い間入れなかった地域があったのです。

● **災害直後の復旧支援ボランティアがすべきこと**

　被災地、特に東日本大震災のような巨大災害の被災地では災害後時間が経過するにつれてボランティアの活動内容が変化していきます。大きな災害直後には、主に自衛隊や消防が人命救助を実施し、それらがほぼ完了すると支援車両を被災地に入れるための道路復旧作業が始まります。これらが済み、それぞれの被災地が必要とする支援がわかって初めてボランティアが被災地に入ることになります。

　ボランティアは、活動する前に活動時の事故や病気に備えてボランティア保険に加入します。そして、被災地に入るルートや支援内容の情報を地元ボランティアセンターや行政、そしてSNSを通じて入手します。また、ボランティアは、支援のため滞在するときの自分自身の衣食住については自分で調達し、被災地の人たちに頼ることのないよう心がけます。こういった自己完結型の対策を取っておくことが重要です。

　災害後当初は瓦礫などの撤去が主な作業となります。自分自身の体力に見合わないことには手を出さず、また時間を計画的に区切って休みを取りながら作業をします。また、危険を伴う作業には原則としてかかわらないことになっています。倒壊寸前の建物が余震などで倒壊して二次的な事故に見舞われないようにするということです。支援するボランティアが病気になったり、けがをすると、かえって被災地に迷惑をかけることになるからです。

写真2.4.6-1
瓦礫撤去のボランティア活動

以上のような当初の瓦礫撤去では、被災者とともに活動することは稀です。東日本大震災直後に参加したボランティアの中には、広大な被災地にあってわずかな時間しか活動できず、また被災者の思いや感想を聞けない状況から、むなしさを感じ、その後の支援から遠ざかった人たちもいます。このように当初の支援は、黙々と大変な力作業を繰り返す地道で実りが少ないと感じるものですが、この取り組みを続けることで被災地が少しずつ復旧していくのだということをしっかり認識して活動すべきでしょう。

● <u>災害後の復興支援ボランティアのすべきこと</u>

　東日本大震災のときには、広大な被災地の瓦礫撤去に半年くらいの時間がかかりました（ただし、福島第1原子力発電所が事故を起こし、放射線の被災地にもなった福島県浜通り地方では、放射性物質を含む瓦礫を撤去して運び出すところがないため、今もなお瓦礫が残ったままの所があります）。瓦礫撤去が終わると、次は被災者のこころを復興させるために、「こころのケア」が始まります。専門的な知識のないボランティアにできる「こころのケア」としては「傾聴」という活動があります。読んで字のごとく、「被災者の目を見ながら、被災者の発する言葉に耳を傾け、しっかり聴く」というものです。また、単に目を見て話を聴くよりも効果的な傾聴の手法に「足湯」というのがあります。被災された方に、お湯を張ったバケツなどの容器に足を入れていただき、ボランティアが手を軽くマッサージしながら会話をするというものです。このときに、被災者の話に共感でき、被災者の気持ちに寄り添うことができれば、その気持ちが暗に伝わり被災者の安心感につながります。そうして初めて、被災者はこころの中にある悲しみなどをより多く吐き出すことができます。

写真2.4.6-2
ボランティアの「傾聴」の様子

写真2.4.6-3
「足湯」ボランティアの様子

● <u>さらなる被災地復興にかかわるボランティア</u>

　東日本大震災被災地のような第一次産業が主な収入源の地域では、それら産業の復旧・復興が叶わなければ、被災地に人が戻らず、また被災者は復興できません。被災者の中には、その被害が甚大であったため、家も生業のための資機材も全てを失った人たちが多くいます。将来の不安を抱えながらでも、復旧するために、漁業であれば船舶、農業であれば農機具を借金して購入することになります。災害見舞金や義捐金などはありますが、それだけでは十分に賄えていないようです。被災者個人の利益につながる支援活動については賛否両論がありますが、

第4章

そのような人たちが元気で前向きに復旧に向けて進めるよう、ボランティアが漁業や農業のお手伝いをすることもあります。

● 被災地復興支援ボランティアの心構え

ボランティアが被災地を支援する際に重要なのは、同じ人たち（地域）を「継続」して支援するということです。残念なことですが、単発的に被災地を訪れるボランティアと被災者の間には、「信頼」といった人間関係の基本が十分には成立していません。「ボランティアの応援は嬉しいけれど、初めて出会ったときには、被災時やその後の忘れてしまいたいことを話さなければならい」という思いが被災者にはあるようです。被災地外の人間からは「応援やお手伝い」であっても、支援者に同じ対応を繰り返すことになる被災者のこころの中には「単発的な訪問が迷惑」に感じる側面もあるようです。

ここで大切なのが、同じ被災者（被災地）を繰り返し支援しに行くという行為です。この繰り返しを通して、支援側と支援される（受援）側の信頼関係が徐々にできていきます。このような継続した支援ができれば、被災者には、「また来てくれた」＝「私たちは忘れられていない」との思いが芽生えます。このような感想を持っていただければ、本当の意味での被災者の「こころの復興」につながります。

継続することで、単なる支援者が知っている人に変わり、その知っている人が私たち被災者を忘れないで、定期的に励ましてくれている。この支援者の思いに応えるためにも、「復興に向けて頑張ろう」という気持ちが被災者のこころの中に芽生えてくるようです。仮設住宅などでの「孤独死」はこのような「継続した支援」によって防ぐことが可能です。

● 被災地ボランティアに挑戦してみたい人へ

ボランティアは極めて素晴らしい行為ですが、いろいろな被災者がいらっしゃいます。ですから、自分勝手な気持ちでは被災者に嫌な思いをさせることになります。先達たちの活動内容や気持ち、そして被災地の地理や歴史などを学んでから取り組みましょう。また、ボランティアは無償の行為です。被災者や被災地に迷惑にならないよう、自己完結した準備で臨みましょう。以下のキーワードで検索すると多種多様なことを知ることができます。

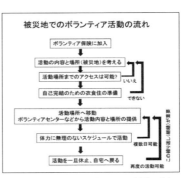

図2.4.6-1　被災地でのボランティア活動の流れ

キーワード
被災地ボランティア、被災地の現状、こころのケア、傾聴、足湯

第7話

こころのケアについて考える

　災害時に「こころのケア」が大切であるということは、広く知られるようになってきました。しかし、「こころのケア」といっても内容はさまざまです。通常は、精神保健福祉活動及び心理社会的支援の両者を含むものとされており、専門家によらない一般的なケアから、精神科医療やトラウマ治療などの専門的なケアまで含まれます。

　ここでは、災害時に活動するあらゆる立場、職種の人たちに知っておいてほしい基本的なことを中心に述べたいと思います。

● 災害時のストレス反応

　災害時、こころやからだに、右の表に示したような反応が表れることがあります。これは、**誰に表れてもおかしくない、自然なこと**です。

　このような反応は災害の直後から表れることもあれば、数時間や数日後、あるいは数か月後に表れることもあります。

　反応が治まってくるまでの期間も**人によって異なり**、受けたこころの傷の深さや大きさによっては、長くかかることもあります。

　多くは生活の安定や周囲のサポートなどによって徐々に回復しますが、あまりに反応が強かったり、長く続いたりするなど影響が大きい場合は、専門家の支援が必要になることもあります。

表2.4.7-1 災害時のストレス反応の例

- ・身体症状がある
  （震え、頭痛、食欲不振等）
- ・ひどく悲しい気持ちになる、泣く
- ・眠れない、悪夢を見る
- ・強い不安がある
- ・すぐに「ビクッ」とする
- ・ぼんやりしている、感情がにぶい
  現実感がない
- ・イライラする
- ・興奮する
- ・混乱する
- ・罪悪感がある、恥と感じる
- ・自分や子どものケアができない
  （食べない、飲まない、簡単なことも
  決められない）
- ・反応がない、話さない

コミュニティ防災の基本と実践　223

● 急性期のケア

災害時にはさまざまな心身のストレス反応が表れますが、社会的なサポートが十分でないと感じたときに、その回復が妨げられるといわれています。

そこで、**心理的応急処置（Psychological First Aid：PFA）**という考え方が注目されています。これは、心理的側面に直接働きかけるようなものではなく、専門家による「特別な」ケアでもありません。**災害現場で活動するあらゆる立場の人が実践できるもの**で、いくつかのマニュアルやガイドラインがあります。PFAは、必要なニーズを確認して、基本的なニーズ（食料、水、毛布、必要な情報など）を満たす手助けをし、安全・安心を確保すること、現実的な生活場面での支援を通して被災者自身の対処能力を取り戻すことなどを目指しています。そして、支援を押し付けないこと、被災者自身ができることを代行しすぎないこと、必要な情報や公共サービス、大切な人や社会的支援に結び付けることなどが重要であるとしています。さらに、被災地で活動する際の心構えや留意点などについても述べられています。

また、専門的なケアが必要と思われる被災者がいれば、適切な機関につなげることが必要です。

● 中・長期のケア

被災者の心身の健康については、生活再建の過程での環境の変化や経済的不安などの心理的負担による影響が大きいとされています。急性期と同じように、被災者が必要としている生活や社会的な面での情報やサポートが重要です。

心理的な負担から、うつ病などの精神疾患やアルコールの問題などが生じたり、慢性的な身体疾患が悪化したりすることもあります。災害以前から精神疾患や何らかの精神保健上の問題を抱えていた被災者は、その困難さがより強調されるかもしれません。子ども、若者、高齢者、妊産婦、障がい者などの中には、関係機関との連携が必要となる被災者もいます。また、心的外傷後ストレス障害（Post Traumatic Stress Disorder：PTSD）や大切な人を亡くした悲嘆などへの専門的なケアが必要になることもあります。この時期のケアには、保健所、保健センターなどの地域保健活動のネットワークが非常に大切です。状況に応じて、精神科医療機関、精神保健福祉センター、教育機関、児童相談所などと連携して支援することも必要になります。

避難所等では、災害によるストレス反応やメンタルヘルス、アルコール問題などに関する啓発や専門的な支援を必要としている人への相談窓口について情報提供するとともに、アルコールの持ち込みを禁止することや、子どもや障がいのある被災者に有害な環境や情報を制限するなどして、さまざまな被災者の安全・安心を守ることが大切です。

第7話　こころのケアについて考える

● 専門的なケアが必要な場合

　被災者が精神的にひどく不安定なとき、PTSDや悲嘆などのストレス反応へのケアを必要とする場合、精神疾患のある被災者の精神科治療の継続に支障が生じた場合などには、専門家につなぎます。窓口としては、保健所や保健センターなどの地域の精神保健相談の窓口や精神科医療機関、精神保健福祉センターなどがありますが、災害による被害が大きく、地域の機関での対応が難しい場合などは、全国から派遣された災害派遣精神医療チーム（Disaster Psychiatric Assistance Team：DPAT）が対応することもあります。

表2.4.7-2 専門的なケアが必要な場合の例

・ ひどく混乱したり、興奮したりする
・ ふさぎ込んで、何も話さず、何もできない状態が長く続く
・ 食べられない状態が続く
・ ひどい不眠が長く続く
・ 死にたいと繰り返し言う、自殺のための手段を考えている
・ 周りの人には感じられないものが、見えたり、聞こえたりしている様子で、言動がまとまらない
・ 精神科の治療を受けていたが、通院や服薬ができない

● 子どもへのケア

　被災体験は、子どもや若者にも大きな影響を与えます。さまざまな心身の反応が生じますが、大人の反応と異なる特徴があり、それぞれの発達段階に応じても異なります。

表2.4.7-3 子どもによく見られる反応

・ 赤ちゃん返りをする、年齢より幼い行動に戻る
・ 親や大人にくっついて離れない
・ 以前は怖がらなかったことを怖がる
・ 睡眠（不眠・夜泣き・悪夢）や食欲が変化する
・ 口数が減る、元気がなくなる
・ 落ち着きがなくなる、イライラする、集中できない
・ 起きたことについて、繰り返し話したり、遊びの中で繰り返したりする（地震ごっこなど）
・ 身体症状が出る（頭痛・腹痛・アレルギー症状の悪化など）

　子どもたちが安心して過ごせるように、場所や生活のスケジュールを整えます。

　子どもの理解力に合わせて状況の説明をし、本人が話したがっている場合には、しっかりと耳を傾けて子どもの気持ちを受け止めることが大切です。

　養育者など周囲の大人が、子どもを落ち着いてケアができるようにサポートすることも大切です。

　気になる子どもがいるときは、専門家に相談することも必要です。

コミュニティ防災の基本と実践　225

第4章

● 支援者へのケア

　ここでの「支援者」とは、精神保健や精神科医療の専門家だけではなく、行政機関や一般医療機関、消防・救急、警察、自衛隊、教育機関、福祉機関、避難所、ボランティアなど、被災地で活動する全ての人をいいます。

　普段とは異なる過酷で緊張を強いられる業務や長時間の活動で疲弊したり、悲惨な現場を見たり被災者の衝撃的な体験を聞いたりして心理的負担を感じることもあります。時には被災者に怒りを向けられたりすることで、無力感に苛まれたりするかもしれません。現地で活動する支援者は自らの心身の健康を保つために、自分自身の役割や責任を確認しながら活動すること、意識して食事や休息を取ることや、仲間同士で声をかけたり、お互いをねぎらったりすることなどが大切です。何らかのシステムや組織の枠組みの中で支援活動を行う場合には、それぞれの組織の中でこころの健康を支える仕組みについて整備することも重要です。

　また、被災地の支援者は自分自身が被災者でありながら、日常業務に加えて、住民への災害被害への支援を行い、外部支援者等の対応も行わなければなりません。過剰な業務や自分自身にストレス反応などがあっても、十分に休養を取ることができずに、心身の不調を来すこともあります。長期にわたって住民の支援を続けていくためにも、「被災地の支援者を支援することが重要である」ということを多くの人が理解してサポートすることが大切です。

防災活動の進め方のヒント

◇ **災害時のこころのケアやPFAについてもっと知りたい**

　国立精神・神経医療研究センター「災害時こころの情報支援センター」、兵庫県こころのケアセンター、セーブ・ザ・チルドレン「子どものための心理的応急処置」などのWebサイトを参考にしてください。

◇ **PTSDやこころの病気について知りたい**

　厚生労働省「みんなのメンタルヘルス」に詳しい情報が掲載されています。

キーワード

ストレス反応、心理的応急処置（Psychological First Aid：PFA）、心的外傷後ストレス障害（Post Traumatic Stress Disorder：PTSD）、トラウマ、悲嘆、災害派遣精神医療チーム（Disaster Psychiatric Assistance Team：DPAT）、支援者支援

第8話

被災者の早期復興へ向けた
生活再建支援

　わが国は、地震、津波、集中豪雨、局地的大雨などのさまざまなハザード（人間が止めることができない自然側の外力）による災害を多く経験しています。災害が発生すると、被害を受けた地域の住民は、人的な被害、財産を失う、個人の大事なものを失うといった物理的な被害、生活への影響・支障、被災体験によるこころの影響を受けてしまいます。災害発生後、国の制度である「被災者生活再建支援法」に基づき、被災自治体では、世帯主と見なされる住民の被害レベルに応じて早期復興に向けた支援を実施することになります。

　ここでは、被災者の早期復興へ向けた生活再建支援の仕組みについて具体的な事例及び生活再建支援業務を効率的に実施するための情報システムについて紹介します。

● 被災者生活再建支援の仕組み

　被災地での復興では、まず人の復興が第一となります。人の復興とは、これまでの生活を回復し、自立して暮らせるようになることだと考えます。人の復興では、自立再建（自助努力による回復）が基本ですが、甚大な被害を受けた住民は、行政機関から支援を受けることができます。災害発生後の主要な法律に災害救助法や被災者生活再建支援法があります。災害救助法は、応急対応期のための法律で、避難所、応急仮設住宅の供与や炊き出しその他による食品及び飲料水の供給など被災者への現物支給の支援となります。それに対して復興期の法律である被災者生活再建支援法では、被災者の被災レベルに応じて被災者生活再建支援金が支給されるという、いわば現金支給の支援となります。被災者生活再建支援法第一章第一条によると、「この法律は、自然災害によりその生活基盤に著しい被害を受けた者に対し、都道府県が相互扶助の観点から拠出した基金を活用して被災者生活再建支援金を支給するための措置を定めることにより、その生活の再建を支援し、もって住民の生活の安定と被災地の速やかな復興に資することを目的とする。」とされています。被災者生活再建支援法

コミュニティ防災の基本と実践　227

は、1998年に制定され、災害によりその財産に損害を受けた個人（世帯主と見なされる住民）に対して国や地方公共団体が補償する初めての法律です。1995年に発生した阪神・淡路大震災当初は、同法はありませんでしたが、同震災発生後に、国において個人補償を巡る活発な論議が行われ制定された経緯を持ちます。制定当時は、家屋が全壊あるいは半壊で取り壊す世帯を対象とし、年齢制限・所得制限を設け、家財などの購入に限定（品目も限定）した形で生活再建支援金100万円を支給することとしました。2004年の第一次改正を経て、2007年の第二次改正で、使い道は限定せず、年齢制限・所得制限を撤廃し支援金を支給することになりました。以下がその対象で、表2.4.8-1が支援金の支給額です。

① 住宅が「全壊」した世帯

② 住宅が半壊、または住宅の敷地に被害が生じ、その住宅をやむを得ず解体した世帯

③ 災害による危険な状態が継続し、住宅に居住不能な状態が長期間継続している世帯

④ 住宅が半壊し、大規模な補修を行わなければ居住することが困難な世帯（大規模半壊世帯）

表2.4.8-1　支援金支給額の内訳

区分	住宅の再建方法	基礎支援金	加算支援金	合計 （単位:万円）
全壊 解体 長期避難	建設・購入	100	200	300
	補修	100	100	200
	賃借	100	50	150
大規模半壊	建設・購入	50	200	250
	補修	50	100	150
	賃借	50	50	100

　上記のように、被災者生活再建支援法は、世帯主と見なされる住民の被害のレベルと住宅再建の方法によって支援金が支給されます。その他、災害の規模や被害の特徴、被災地が直面している課題に応じて、災害発生後に、都道府県や市町村が独自支援制度を新たにつくるケースがあります。住民の被害のレベルの認定には、災害に係る住家の被害認定調査後、罹災証明書が発行されます。

● 罹災証明書と罹災証明書発行のための住家の被害認定調査

　罹災証明書とは、「地震や風水害等の災害により被災した住家等の被害の程度を市町村が証明するものである（災害対策基本法第90条の2）。」とされています。罹災証明書は、支援金支給の根拠となる他、義援金などの給付、各種融資、税金や保険金などの減免や猶予、応急仮設住宅への入居などさまざまな支援策の判断材料となります。罹災証明書を発行するため

には、災害で被害を受けた住家の被害認定調査を実施しなければなりません。住家の被害認定調査業務、罹災証明書発行業務は、市町村の災害対応業務として位置付けられており災害の規模が大規模であれば、調査すべき住家の棟数、発行する証明書の量も多くなり、災害発生直後から市町村は多くの人員を動員して実施することになります。

大規模地震発生後ほぼ同時期に2つの建物の被害調査が行われるのをご存知でしょうか？　1つ目は、前述の罹災証明書発行の前段階として被災した市区町村が実施する被害認定調査です。調査・判定は、研修を受けた市区町村の職員等（非専門家）によって実施されます。国の定めた「災害の被害認定基準」などに基づき、住家の傾斜、屋根、壁、基礎などの損傷状況を主に外観目視で調査し、「全壊」、「大規模半壊」、「半壊」及び「半壊に至らない」の4区分で認定します。調査結果を住民に知らせ、同意されれば罹災証明書が発行されますが、同意されない場合は、被災者の立会いのもと、住宅内部の調査（再調査）を実施します。実際の現場では、都道府県や全国からの応援職員も外観目視調査・判定に加わるケースを目にします。また、家屋被害認定調査は、風水害でも実施されます。

2つ目は、被災建築物応急危険度判定調査です。応急危険度判定は、余震などによる倒壊の危険性や外壁・窓ガラスの落下、付属設備の転倒など二次災害の防止のため、被災した建物について、応急危険度判定士（行政職員または民間の建築士等）が、一定の基準に基づき、当面の使用の可否を判断し、「危険（赤）」、「要注意（黄）」、「調査済（青）」のステッカーを貼付するものです。建築物の損傷だけではなく、設備や隣接する建築物の状況も判定に影響します。たとえば、住宅そのものに被害はないまたは少ないが、隣接する住宅や擁壁が倒れてきそうな場合、応急危険度判定では「危険（赤）」と判断されることがあります。写真2.4.8-1は、2016年熊本地震発生後の応急危険度判定結果の例です。建物に被害は見受けられませんでしたが、隣の建物の地盤が崩壊しており「危険（赤）」と判定されていると思われます。

写真2.4.8-1　熊本地震発生後の応急危険度判定結果の例

このケースでは、応急危険度判定では「危険（赤）」ですが、被害認定調査では「半壊に至らない」となるでしょう。必ずしも応急危険度判定で「危険（赤）」と判定された住宅が、家屋被害

認定でも「全壊」になるわけではありません。2つの家屋の被害に関する調査は、調査の目的が異なることを理解しておく必要があります。

次に、家屋調査結果に基づき罹災証明書が発行されます。前述のように被災者にとって罹災証明の結果は、今後の早期生活再建に向けて重要な証明となります。罹災証明書の発行に際しては、「誰が」、「どこで」、「どのような被災にあったのか」を確認することが必要になります。「誰が」は、世帯主と見なされる住民となり住民基本台帳が参照され、「どこで」は主に家屋の所在、所有を確認するために家屋課税台帳が参照され、「どのような被災にあったのか」は、住家の被害認定調査結果を参照することになります。また、罹災証明書は、被災した世帯の生活の実態に即して発行することになっています。たとえば、二世帯が同じ敷地の別の建物に暮らしていたが、住民基本台帳の登録は一世帯だった場合、世帯を分離(みなし世帯分離)して二世帯に罹災証明書を発行することになります。

罹災証明書と類似した証明書で、被災証明書があります。被災証明書は、住民の被災した事実を証明するもので、住民基本台帳などを参照して(本人確認後)発行されます。2011年東日本大震災に伴う東北地方の高速道路の無料措置の対象車両の根拠書類として、被災証明書または罹災証明書が利用されました。

● 被災者台帳とは？

被災者台帳とは、被災者支援について「支援漏れ」や「手続の重複」を失くし、中長期にわたる被災者支援を総合的かつ効率的に実施するため、個々の被災者の被害状況や支援状況、配慮事項などを一元的に集約するものとされています。災害対策基本法などの一部を改正する法律の概要(2013年6月21日公布)の被災者保護対策の改善において、「市町村長は、被災者に対する支援状況などの情報を一元的に集約した被災者台帳を作成することができるものとするほか、台帳の作成に際し必要な個人情報を利用できることとすること。」とされています。つまり、「各市区町村は、被災者台帳を構築することを推奨する。その際、平常時に機密性を高く管理している住民基本台帳、家屋及び土地課税台帳を利用することを許可する。」と読み替えられます。先に述べた、罹災証明書は、さまざまな被災者支援策の判断材料となり、世帯を単位としてさまざまな被災者支援サービスが並行して進められることになります。その際、被災者支援サービスの効率化、被災者(人)の復興状況の一元的管理と把握のために被災者台帳が必要となります。

● 被災者台帳構築と運用のための情報システム

被災者台帳は、「家屋被害認定調査」→「罹災証明の結果」→「被災者台帳」の流れで情報が引き継がれるべきです。また、再調査が継続的に実施され、罹災証明の結果も更新され、

被災者台帳は随時更新が伴うものとなります。情報システムでは、台帳をデータベースと呼びます。各市区町村は、住民基本台帳、家屋及び土地課税台帳及び家屋被害認定調査結果が必要に応じて連携できる仕組みが必要となり、情報技術を上手く活用することがその解決法となります。2004年新潟県中越地震から研究機関、民間企業が被災自治体を長期滞在型で支援し、効率的な被災者台帳構築の取り組みを実施しました。その中で、GIS（地理情報システム）を活用し、罹災証明発給窓口での被災者との対話を通して被災者台帳構築が可能となることが明らかになりました。熊本地震後、複数自治体によってクラウド版の情報システム（生活再建支援システム）が運用されました。その情報システムを上手く運用させるためには、災害発生前から必要となるデータ、データベース、データベースの連携方法、業務フロー、運用体制を検討することが求められます。事前に情報システムを導入した場合は、定期的に機能訓練を実施し、実務者の意識向上、技術定着だけではなく、業務フローやマニュアルの見直しなどを行うことが求められます。

参考資料
内閣府：防災情報のページ

キーワード
被災者生活再建支援法、罹災証明書、生活再建支援金、被災者台帳

執筆・編集担当者

（50音順　＊：編集委員）

生田 英輔（大阪市立大学 都市防災教育研究センター・生活科学研究科）………………… 第2部2章3,4,5,6話 ＊

石川 永子（横浜市立大学大学院 都市社会文化研究科）………………………………… 第2部4章1話

市古 太郎（首都大学東京大学院 都市環境科学研究科）………………………………… 第2部1章8話

今井 大喜（大阪市立大学 都市防災教育研究センター・都市健康・スポーツ研究センター）第2部2章5話

浦川 豪（兵庫県立大学 防災教育研究センター・減災復興政策研究科）………………… 第2部4章8話 ＊

大阪市消防局 救急課 ………………………………………………………………… 第2部3章1,2,4,6話

大阪府こころの健康総合センター ………………………………………………………… 第2部4章7話

大野 かおり（兵庫県立大学大学院 看護学研究科）………………………………………… 第2部3章7話、4章4話

岡崎 和伸（大阪市立大学 都市防災教育研究センター・都市健康・スポーツ研究センター）第2部2章5話

荻田 亮（大阪市立大学 都市防災教育研究センター・都市健康・スポーツ研究センター）　第2部2章5話

狩野 徹（岩手県立大学 社会福祉学研究科）＊

河本 ゆう子（大阪市立大学 都市防災教育研究センター）＊

佐伯 大輔（大阪市立大学 都市防災教育研究センター・文学研究科）…………………… 第1部6話 ＊

志垣 智子（社会福祉法人敬友会 高齢者住宅研究所）………………………………… 第2部2章1,7話 ＊

重松 孝昌（大阪市立大学 都市防災教育研究センター・工学研究科）…………………… 第2部1章4,5話 ＊

鈴木 雄太（大阪市立大学 都市防災教育研究センター・都市健康・スポーツ研究センター）第2部2章5話

中條 壮大（大阪市立大学 都市防災教育研究センター・工学研究科）…………………… 第2部1章7話

野村 恭代（大阪市立大学 都市防災教育研究センター・生活科学研究科）……………… 第1部5話 ＊

馬場 美智子（兵庫県立大学 防災教育研究センター・減災復興政策研究科）…………… 第2部1章9話、2章8,9話 ＊

福村 智恵（大阪市立大学大学院 生活科学研究科）…………………………………… 第2部2章2話

増野 園惠（兵庫県立大学 地域ケア開発研究所）……………………………………… 第2部3章5話

水谷 聡（大阪市立大学 都市防災教育研究センター・工学研究科）…………………… 第2部4章5話

三田村 宗樹（大阪市立大学 都市防災教育研究センター・理学研究科）………………… 第2部1章1,2,3,6話 ＊

室崎 益輝（兵庫県立大学 防災教育研究センター・減災復興政策研究科）……………… 第1部1,4,7話 ＊

森 一彦（大阪市立大学 都市防災教育研究センター・生活科学研究科）………………… 第1部2,3話 ＊

森 久佳（大阪市立大学 都市防災教育研究センター・文学研究科）＊

森永 速男（兵庫県立大学 防災教育研究センター・減災復興政策研究科）……………… 第2部2章10話、4章6話 ＊

安井 洋子（大阪市立大学大学院 生活科学研究科）…………………………………… 第2部4章2話

山本 啓雅（大阪市立大学 都市防災教育研究センター・医学研究科）…………………… 第2部3章3話 ＊

横山 久代（大阪市立大学 都市防災教育研究センター・都市健康・スポーツ研究センター）第2部2章5話

横山 美江（大阪市立大学 都市防災教育研究センター・看護学研究科）………………… 第2部4章3話 ＊

由田 克士（大阪市立大学大学院 生活科学研究科）…………………………………… 第2部2章2話

渡辺 一志（大阪市立大学 都市防災教育研究センター・都市健康・スポーツ研究センター）第2部2章5話 ＊

― 編集後記 ―

　災害に強いコミュニティづくりを目指して、地域に根差した公立大学が連携して地区防災教室ネットワーク構築を進めています。これまで、兵庫県立大学、岩手県立大学、大阪府立大学、首都大学東京、名古屋市立大学、横浜市立大学、熊本県立大学、大阪市立大学が参画して、それぞれの地域で防災教室、防災まち歩き、災害対応訓練などに、地域住民の皆さん、行政機関、さまざまな事業所などと協働して取り組んできました。その成果を踏まえ、さらに多くの地域でコミュニティ防災活動を実践していただきたいという想いから本書をまとめました。
　活動を支援していただいた国立研究開発法人科学技術振興機構、執筆担当者の皆さま、防災教室に関わってくださった多くの方々に感謝を申し上げます。

2018年3月

公立大学連携地区防災教室ワークブック編集委員会

OMUPの由来
　大阪公立大学共同出版会(略称OMUP)は新たな千年紀のスタートとともに大阪南部に位置する5公立大学、すなわち大阪市立大学，大阪府立大学，大阪女子大学，大阪府立看護大学ならびに大阪府立看護大学医療技術短期大学部を構成する教授を中心に設立された学術系出版会である．なお府立関係の大学は2005年4月に統合され，本出版会も大阪市立，大阪府立両大学から構成されることになった．また，2006年からは特定非営利活動法人(NPO)として活動している．

Osaka Municipal Universities Press(OMUP) was established in new millennium as an association for academic publications by professors of five municipal universities, namely Osaka City University, Osaka Prefecture University, Osaka Women's University, Osaka Prefectural College of Nursing and Osaka Prefectural College of Health Sciences that all located in southern part of Osaka. Above prefectural Universities united into OPU on April in 2005. Therefore OMUP is consisted of two Universities, OCU and OPU. OMUP was renovated to be a non-profit organization in Japan since 2006.

コミュニティ防災の基本と実践

2018年3月27日	初版第1刷発行
2019年1月 7日	初版第2刷発行
編　集	公立大学連携地区防災教室ワークブック編集委員会
	大阪市立大学 都市防災教育研究センター
発行者	足立　泰二
発行所	大阪公立大学共同出版会(OMUP)
	〒599-8531 大阪府堺市中区学園町1-1　大阪府立大学内
	TEL．072(251)6533　FAX．072(254)9539
印刷所	株式会社 国際印刷出版研究所
表紙・ページデザイン	河野 玲奈(株式会社 レベルフォー)
イラスト	綱本 武雄(地域環境計画研究所)

2018ⓒCERD printed in Japan
本文、写真、図表、イラストの無断転載を禁じます。